EL LADO CHIDO DEL CONSUMIDOR MEXICANO

YAZMIN ARROYO ABARCA

PRÓLOGO POR
FERNANDO FLORES MOTTA

ÍNDICE

Prólogo	1
Introducción	5
1. ¿Por qué compramos lo que compramos?	9
2. El proceso de compra del consumidor	13
3. Nuestro origen, porque los consumidores Mexicanos tenemos historia	17
4. La promesa del regreso de nuestro Dios	21
5. La gran decepción	25
6. Choque cultural	29
7. Nuestras pérdidas	31
8. De la Nueva España a la Independencia de México	33
9. De la Independencia de México a la Revolución Mexicana	39
10. De la Revolución Mexicana hasta nuestros días	41
11. ¿Por qué amamos y preferimos a los de afuera?	43
12. Nuestro lado feo	45
13. Nuestro lado chido	49
14. Las brechas generacionales de nuestro México	53
15. Marcas poderosas nacidas en México	67
16. Historia de las franquicias en México	77
17. Tipos de consumidores mexicanos	87
Conclusión	171
Acerca de la autora	173

PRÓLOGO

Hace muchos años en una conversación en la universidad Anáhuac Mexico Norte, un grupo de maestros hablábamos de la falta de textos académicos basados en la realidad mexicana, recordábamos la edición de Persons Educación del libro *Marketing*de Philiph Kotler del 2001, donde la Dra. Marcela Benassini recopilo casos de México y Latinoamérica, y que mi padre y yo participamos con un pequeño caso, el del Grupo Comercial Salinas y Rocha.

Más de 20 años pasaron para que floreciera otro libro que estuviera tan dirigido al consumidor mexicano, la espera termino, atención, universidades, facultades, direcciones de carreras y bibliotecarios, por favor pongan atención a este texto tan chido, que indignamente me invitan a prologar.

La Maestra Jazmín Arroyo, hace gala de un manejo del lenguaje que se agradece para los lectores asiduos, y hace un viaje alegre dinámico, fresco y académico, por al menos 10 materias de cualquier plan de estudios de marketing o publicidad.

Cuando el gran maestro de maestros Humberto Eco prologo el libro de Joaquín Salvador Lavado Tejón, mejor conocido como Quino, si el de Mafalda! Y cito textualmente: "Mafalda pertenece a un país denso de contrastes sociales, que a pesar de todo querría integrarla y hacerla feliz, pero ella se niega y rechaza todas las ofertas". Así es que Jazmín, refleja desde su propia percepción y realidad a los consumidores mexicanos, es un placer acompañarla a desmenuzar cada una de las grandes personalidades o targets, magistralmente segmentados como barajas de la muy mexicana Lotería. ¡Bravo por eso!

Jazmín termina en estas páginas la eterna dialéctica entre el Fondo y la Forma; Contenidos 100% Académicos en Formas frescas, chidas y de fácil asimilación.

Para terminar este prologo me encuentro frente a Andre Breton, el padre del Surrealismo: "No intentes entender a México desde la razón, tendrás más suerte desde lo absurdo, México es el país más surrealista del mundo".

Gracias Jazmín Arroyo por este ejemplar que estará siempre en mis bibliografías de mis clases, lograste traer a este Mexico surrealista, lo chido de esta ciencia, de la Mercadotecnia.

M<small>TRO</small>. F<small>ERNANDO</small> F<small>LORES</small> M<small>OTTA</small>
Licenciado y Diplomado en Publicidad y Maestro en Mercadotecnia por la Universidad de la Comunicación. Y un Advertising Diploma por International Advertising Asosiation (NYC).
Facebook: Fernando Flores Motta

INTRODUCCIÓN

Alguna vez, escuché la frase "véndele a la mente y no a la gente" y hasta el día de hoy no puedo aceptarla ni entenderla porque contrasta con todo lo que aprendí en mis primeros años de la universidad, donde asimilé que el consumidor sigue un proceso de compra y que además lleva a cabo un comportamiento de adquisición antes, durante y después de esta.

Asimismo, en las primeras etapas del proceso de compra, entran en juego las variables internas y externas del consumidor. En las internas se encuentran factores personales como su edad, personalidad, estilo de vida, autoconcepto, valores, etc., y factores psicológicos como la percepción, memoria, aprendizaje y motivación. Las externas son:

familia, grupos de referencia, grupos de convivencia, cultura y subcultura.

Dentro de todo ese proceso, el consumidor reconocía el problema, buscaba información, evaluaba alternativas y decidía la compra, Por otro lado, las empresas debían tener mucho cuidado en el comportamiento postcompra de los clientes, para formular estrategias que les permitieran asegurar la plena satisfacción de estos.

El autor de esta frase también asegura que en el proceso de compra solo el 15 % de los consumidores lo hace de manera consciente y el 85 % inconsciente, además de que utilizan estereotipos que, desde mi punto de vista, pueden ser aplicables solo a su país y no a los que vivimos en México.

No se le puede vender solo a la mente, se vende a las personas de carne y hueso que ríen, lloran, sienten y conjugan muchas cosas como sueños, paradigmas, valores, experiencias, aprendizajes, motivaciones, situaciones personales, traumas y aspiraciones.

Porque hay mucho más allá, siempre he creído que somos lo que compramos, lo que comemos, lo que escribimos, como vivimos, lo que amamos, lo que damos y lo que no damos, somos lo que aprendemos, lo que hacemos, en fin, somos lo que somos.

Y como mexicanos somos mucho más, somos únicos, como nosotros no hay dos, el mercado mexicano se ha convertido en un motor importante para la industria del cine de Estados Unidos, específicamente el de Hollywood, por ejemplo, en el estreno de la película de *Spider-Man: No Way Home*, los fans saturaron las plataformas de Cinemex y Cinépolis una hora antes de que empezara la preventa de boletos aquí en México, considerado como un rotundo éxito en la industria del cine.

Nuestro país como siempre se ha caracterizado por preferir lo de afuera, lo extranjero, lo "gachupín"; por esto y otras razones, creo que nosotros como mexicanos tenemos un lado chido como consumidores y que va más allá de la razón, de lo objetivo, de la mente.

Somos un mercado muy atractivo para países como Estados Unidos, aunque no lo reconozcan, tan es así que después de que abrieron las fronteras del norte del país, después de un año de estar cerradas a causa de la pandemia del coronavirus, pedían que los mexicanos acudieran a hacer sus compras navideñas —con todos los requisitos necesarios— en sus tiendas, que comieran en sus restaurantes y se hospedaran en sus hoteles.

Representamos un mercado atractivo a nivel mundial, el cual concentra una población de doscientos treinta millones de personas y cuenta con un PIB per cápita promedio de 17,172 dólares, esto según datos de la secretaria de Economía en un portal llamado proyectosmexico.gob.mx

UNO
¿POR QUÉ COMPRAMOS LO QUE COMPRAMOS?

Alguna vez te has preguntado: ¿por qué compras lo que compras?, ¿por qué eliges tal o cual marca?, ¿por qué el mercado mexicano es tan atractivo para algunas empresas multinacionales a pesar de que no somos una potencia económica o mundial?

Pues bien, de esta y más interrogantes se tratará este libro, el cual busca en nuestra historia como mexicanos, indicios del ¿por qué somos como somos?, ¿por qué se nos ha tachado de "malinchistas"?, ¿qué conceptos o frases forman parte de nuestra idiosincrasia y que a pesar del tiempo seguimos repitiéndolas hasta nuestros días?

Además, pretendo que este libro sea un referente para estudiantes de mercadotecnia, emprendedores y empresarios, para entender mejor la psique de los mexicanos respecto a ¿por qué compramos lo que compramos?, y ¿qué es lo que nos mueve internamente?

Por otro lado, esta pandemia y sus efectos colaterales provocaron cambios en el consumo de las familias mexicanas, hoy en día, las prioridades de las familias mexicanas son otras, según datos de la ANTAD (Asociación Nacional de Tiendas de Autoservicio) y la agencia de mercados Nielsen, los mexicanos aumentaron su consumo, con respecto al mismo mes en 2019, de productos de supermercado (frutas y verduras; carnes, pescados y mariscos; así como abarrotes comestibles y no comestibles) en 4.8 %, mientras que se desplomó su preferencia por ropa y calzado (-83 %) y por mercancías generales (-27 %).

Como podemos ver, las prioridades cambiaron, se consideró hasta ese momento más importante comprar frutas, verduras, carnes, pescados, mariscos y abarrotes tanto comestibles como no comestibles, mostrando además mayor preocupación por su salud; sin embargo este sentimiento no fue generalizado, porque mientras gran parte de los consumidores sí estaban preocupados, otros mostraron tenerle más miedo al "chupacabras" (personaje mítico que surgió en el sexenio de Carlos Salinas de Gortari) que al COVID-19.

Y ¿qué decir de todas aquellas teorías o leyendas que surgieron en torno a esta pandemia?, como la 5G o que te iban a vacunar un chip para vigilarte y tener un mayor control sobre ti; lo lamentable es que mucha gente todavía sigue creyendo en eso, será que a los mexicanos nos da igual todo o confiamos mucho en nuestra buena suerte, porque pensamos que al nacer en este "México mágico" no nos pasará nada.

Y es que sí, como México no hay dos, lo tenemos todo y para algunos es mejor divertirse hoy porque mañana quién sabe que va a pasar, se dice que los mexicanos no ahorramos y sí que la tuvimos difícil en esta pandemia, pues al estar en confinamiento se perdieron muchos empleos, se habla de una pérdida considerable del poder adquisitivo (de las más fuertes que hemos tenido).

DOS
EL PROCESO DE COMPRA DEL CONSUMIDOR

Para entender el proceso de compra de los consumidores, primero debemos saber qué o quién es el consumidor, según Solomon (2008): un consumidor es aquella persona que identifica una necesidad o deseo, realiza una compra y luego desecha el producto; es decir, todo aquel u organización que compra bienes de consumo, esos productos que son hechos para la gente o las familias, como ropa, comida, calzado, productos para la higiene y el cuidado personal, muebles, cosas para las casas, celulares, computadoras, televisores, equipos de sonido, todo lo que compramos.

Por otro lado, el proceso de compra consiste en todas aquellas etapas en las que de manera individual o colectiva, el consumidor adquiere bienes o servicios para su consumo y durante este proceso de decisión entran en juego factores psicológicos como la motivación, percepción o aprendizaje, y factores personales como la edad, género, profesión, ciclo de vida familiar, situación económica, personalidad o autoconcepto.

La familia, amigos, costumbres, formas de ver la vida y la cultura juegan un papel muy importante, considero que es lo que nos define externamente: la forma en que vivimos, los rituales que hacemos cuando nace un bebé, cuando las parejas se casan, al morir las personas, las fiestas o fechas más importantes de nuestra comunidad o el lugar donde se vive, todo esto nos define, nos da identidad y personalidad.

Todos estos factores se ponen en juego cuando ese consumidor toma la decisión de comprar un satisfactor —me refiero así porque busca satisfacer necesidades y deseos de este—, ya sea que se trate de un bien o un servicio.

La cultura es parte fundamental de las personas y de ahí parto, porque la cultura nos define, nos diferencia, nos hace únicos ante los demás, por medio de nuestra gastronomía, nuestra forma de vestir, nuestras costumbres y el lugar donde vivimos, por lo tanto, aunque estemos en México, los que habitamos en el centro, norte y sur del país tenemos diferentes costumbres.

Y la cultura al darnos identidad, también nos aporta una forma de ver la vida, de vivirla, de tener esperanzas; los diversos sucesos y hechos que han pasado a través de varias generaciones son nuestra herencia; ese aprendizaje, vivencias y situaciones nos van marcando de por vida.

Como mexicanos y al vivir en México, somos únicos y diferentes ante el mundo: tenemos historia, riquezas, tradiciones, vivencias, diversas formas de concebir a Dios y es todo eso lo que nos hace invaluables y distintos.

TRES
NUESTRO ORIGEN, PORQUE LOS CONSUMIDORES MEXICANOS TENEMOS HISTORIA

Estamos hechos de historia, se dice que hace muchos años, guiados por su Dios Huitzilopochtli, los mexicas fundaron la gran Tenochtitlán en el lago de Texcoco, ellos habían salido de una isla llamada Aztlán (por lo que también se conocen como aztecas), situada probablemente en algún lugar remoto al norte de Tenochtitlán, esto está documentado en el códice conocido como la *Tira de la Peregrinación*, que es una tira de papel de maguey que representa el viaje del pueblo desde su salida de Aztlán.

Algunos historiadores consideran que alrededor de los años 1150 y 1300, los mexicas peregrinaron por diversos lugares hasta asentarse en los lagos del Valle de México, la mayoría de las fuentes históricas señalan que la fundación de México-Tenochtitlán ocurrió en 1325, año en que también hubo un eclipse solar, este suceso astronómico pudo ser tomado por los mexicas como un marcador mítico que legitima la supuesta relación entre los toltecas y los tenochcas.

El Dios Huitzilopochtli le dijo a su pueblo que fuera hacia nuevas tierras y les ordenó que dejaran de llamarse aztecas porque a partir de ese momento serían todos mexicanos, así está recreado en el *Códice Aubin* y el *Códice Durán*, por otro lado, la *Tira de la Peregrinación* señala que Aztlán estaba ubicado en una isla donde había seis calpullis (clan formado por un conjunto de familias) y un gran templo, probablemente dedicado a Mixcóatl. Después que los mexicas llegaron a Teo Culhuacán en el año 1 pedernal, partieron ocho calpullis encabezados por cuatro teomamaque (cargadores de los dioses); uno de ellos, identificado como Tezcacóatl, quien "cargaba" a Huitzilopochtli.

Según el mito, Huitzilopochtli ordenó que fundaran la ciudad donde estuviera "un águila parada sobre un nopal devorando una serpiente". Siguiendo este designio, los mexicas deambularon por varios lugares, siempre en busca de la señal, de acuerdo con la *Tira de la Peregrinación*, la gente de Cuitláhuac se separó del resto de los calpullis.

Más tarde, los mexicas llegaron al Valle de México y pasaron por varios pueblos, hasta que se asentaron en territorio de los tepanecas de Azcapotzalco, a quienes les sirvieron como guerreros mercenarios. Finalmente, encontraron el sitio señalado por su Dios Huitzilopochtli en un islote del lago de Texcoco. Una vez que fundaran la ciudad, Huitzilopochtli prometió volver para vivir entre ellos…

CUATRO
LA PROMESA DEL REGRESO DE NUESTRO DIOS

Moctezuma —llamado también el gran Tlatoani— quien era la autoridad mayor del pueblo mexica, tenía siempre presente a "ese Dios que algún día prometió volver", como un anhelo, un sueño, un suspiro, una promesa, en la que descansaban todas sus preocupaciones y aflicciones de ser el gobernante más importante de los mexicas.

Y cómo no iba a sentir un gran peso y responsabilidad si para entonces los mexicas eran los más fuertes, demostraban su poderío, dominando todo el valle y la tierra prometida, siendo un pueblo próspero a quienes les rendían tributo y esa tierra que les había sido dada después de tanto peregrinar, era un regalo por la que debían de trabajar y dejar su huella.

Existen vestigios del *Códice Florentino,* el cual señala que cuando Moctezuma se enteró de la llegada de esos forasteros, en el año 1 caña, "reaccionó como si pensara que el recién llegado era nuestro príncipe Quetzalcóatl" *(Códice Florentino,* XII, f. 5v).

Por este motivo, cuando despachó a los mensajeros a su encuentro, encabezados por el sacerdote de Yohualichan, les ordenó: "Dicen que otra vez ha salido a la tierra el Señor Nuestro. Id a su encuentro [...] He aquí con lo que habéis de llegar al Señor Nuestro: este es el tesoro de Quetzalcóatl" *(Códice Florentino,* XII, f. 6r)

Los mensajeros se enlistaron y acomodaron todos los tesoros que habían de entregarle, todos relacionados con Quetzalcóatl. Tiempo después, al regresar los enviados, describieron a Moctezuma lo que habían contemplado. El Tlatoani mexica comenzó entonces a llenarse de terror, un escalofrío le estremeció todo su cuerpo, personas cercanas a él decían: "nuestro Tlatoani ya no supo de sueño, ya no supo de comida. Casi a cada momento suspiraba [...] y decía: ¿Qué sucederá con nosotros? ¿Quién de verdad quedará en pie?" *(Códice Florentino,* ibid.*).*

Meses después, dramático fue el encuentro entre Moctezuma y Cortés. Las palabras del Tlatoani mexica traducidas por *Malintzin* —Malinche, como la conocemos hoy en día—, la cual le dijo a Jerónimo de Aguilar y este a Cortés, parecen confirmar la confusión misma que será descrita tal cual como sigue:

> Señor nuestro, te has fatigado, te has dado cansancio. Ya has llegado a esta tierra, has arribado a tu ciudad, México-Tenochtitlán. Has venido a sentarte en tu estrado, en tu trono. Por breve tiempo lo guardaron para ti. Lo conservaron los que ya *se* fueron, tus sustitutos [...].
>
> Tú has venido entre nubes, entre nieblas. Como que esto era lo que nos habían dicho los señores, los que rigieron, los que gobernaron tu ciudad: que habías de instalarte en tu trono, en tu sitial, que habías de venir acá.
>
> Pues ahora se ha realizado ya. Has llegado con gran fatiga; con afán viniste. Llega a tu tierra, ven y descansa, toma posesión de tus casas reales. Da refrigerio a tu cuerpo. ¡Llegad a vuestra tierra, señores nuestros!
>
> *(CÓDICE FLORENTINO*, F. 25R)

El Tlatoani recibió a Cortés como si fuera Quetzalcóatl. ¿tuvo Cortés conciencia del equívoco? Así lo dejó entender, en una segunda carta que le envió al Rey Carlos V. En dos partes de la misma señala que Moctezuma le hizo notar que él sabía de nuestra llegada "por nuestras escrituras" acerca de la partida de un gran señor que los había gobernado y que un día se marchó, pero dejó declarado que "tornaría o enviaría con tal poder que los pudiese constreñir y atraer a su servicio. Es bien sabido que siempre lo hemos esperado y según las cosas que el capitán nos ha dicho de aquel rey y señor que le envió acá [...], tengo por cierto [...] que este es el señor que esperábamos" (Hernán Cortés, 1963, p. 68).

CINCO
LA GRAN DECEPCIÓN

Pero Cortés despiadadamente pronto demostró que Moctezuma estaba muy equivocado, quiso derrocar a los dioses del Templo Mayor, se apoderó del tesoro que se guardaba en el palacio de Axayácatl y —lo más grave—, encadenó a Moctezuma. En ausencia de Cortés, Pedro de Alvarado realizó la matanza del Templo Mayor.

Se empezaron a escuchar los lamentos de todo un pueblo y por las calles solo se veían venir ríos de sangre, sangre de gente inocente, hombres, mujeres y niños, sangre de todo un pueblo, voces y lamentos que repicaban por todos lados, ¿qué era lo que habían hecho para merecer algo así?, ¿qué habían hecho mal?, ¿por qué sus dioses los habían abandonado?, ¿dónde estaba Huitzilopochtli?, ¿por qué mandó a Cortés en su lugar?, ¿por qué los había traicionado?, ¿que habían hecho para merecer tal castigo?

Todo aquello era horroroso, no existían palabras, todo era desolación, horror y muerte, el olor era tan insoportable que se mezclaba con el dolor de un pueblo que estaba desfalleciendo, ese olor que era indescriptible, tan fuerte y penetrante que cegaba la vista y estremecía las entrañas, era el olor de la muerte de todo un pueblo que estaba pereciendo lentamente.

De repente Moctezuma sintió terror, su cuerpo se paralizó, el miedo lo contuvo como si de un momento a otro, todo se derrumbara ante sus pies; su cuerpo quedó frío como si fuera un témpano de hielo, como si su vida no tuviera sentido, ¿qué le iba a pasar a su pueblo?, ¿pero por qué?, si él había seguido al pie de la letra todas las indicaciones que le fueron encomendadas por su Dios, ¿qué fue lo que hizo mal?, ¿qué fue lo que no entendió?, ¿qué pasó?

O es que, ¿acaso su Dios al final lo traicionó y mandó a su adversario?, ¿acaso Huitzilopochtli fue muerto y ya no va a regresar?, pero si era lo que decían los códices ¿en dónde quedaron esas promesas?, ¿en dónde está su Dios?, ¿quién los va a cuidar ahora?,

¿quién va a proteger a su pueblo?, ¿cómo le va a decir a su pueblo que lo engañaron, que Huitzilopochtli ya no va a regresar?

SEIS
CHOQUE CULTURAL

Cuando Cortés regresó, obligó a Moctezuma a hablar con su pueblo con el fin de apaciguarlo. Fue entonces cuando el soberano mexica recibió una pedrada en la cabeza que, —según algunos—, le causó poco después la muerte; otros, —en cambio—, atribuyeron su fin a cuchilladas que le dieron los españoles antes de salir huyendo de la ciudad.

Y ahí quedó el cuerpo de Moctezuma, de repente recordó cómo su hermano Cuitláhuac le decía que no confiase en nadie, o sobre la aparición de Tezcatlipoca en el camino a los mensajeros que había enviado al encuentro con Hernán Cortes y que escuchara las voces tristes de la diosa madre, la mujer que llora, eso que se cuenta y que su pueblo ya sabía, eso que ya había olvidado; ahí murió, y junto a él, su pueblo.

Y así fue como dicen que nos conquistaron los hombres blancos, eso no fue una conquista, en todo caso nos mataron, nos ultrajaron, nos robaron, acabaron con nosotros, degollaron a toda una civilización poderosa; ¿qué era lo que tenían en la sangre, en sus cuerpos, en su alma esos "hombres blancos"?, ¿cuál era su afán de exterminarnos?

Y en esa lucha de querer desaparecernos, de acabar con todo y con todos, matando a los hombres y no dejando a ninguno a su paso, violaron a nuestras mujeres y fue ahí cuando nuestra sangre se mezcló con su sangre y de ahí nacimos, ahí se creó y comenzó todo…

Porque todos nosotros, a los que nos llamaron "mestizos", tenemos en nuestras entrañas y en nuestra sangre parte de los "mexicas" y parte de esos "hombres blancos", aunque no lo reconozcamos; porque nos sigue dando miedo y todavía escuchamos los lamentos, la decepción de nuestros dioses y el exterminio de una gran civilización vestida de horror y muerte, disfrazado de conquista.

SIETE
NUESTRAS PÉRDIDAS

Con la conquista, los "mestizos" nacimos derrotados, avergonzados de quienes éramos, vencidos, sin esperanzas, ¿qué vendría para nosotros?; mientras nosotros crecíamos con miedo, los españoles se cobraban con todas nuestras riquezas, porque ellos tenían que regresar a su viejo mundo y pagar con todo lo nuestro.

Cuando regresaron al viejo continente, contando todo el oro y las piedras preciosas robadas, se organizaron y se pusieron de acuerdo para que unos cuantos vinieran a gobernarnos, a imponer un nuevo orden, porque nosotros éramos aborígenes, indios que no valían nada, esos que creían en dioses falsos.

Y fue así como nos arrancaron todo lo que era nuestro, mutilaron nuestra dignidad, parte de nuestro pasado y de nuestra grandeza y empezamos a creer que no merecíamos nada, porque nos consideraban muy inferiores a ellos, ya no nos sentíamos orgullosos de provenir de la "raza azteca" sino todo lo contrario; ¿por qué nos íbamos a sentir orgullosos?, si nos hicieron creer que esos hombres blancos tenían que dominarnos...

OCHO
DE LA NUEVA ESPAÑA A LA INDEPENDENCIA DE MÉXICO

En el documental *Galicia* (2010), se mencionan como principales actividades económicas en la época de la Nueva España: la minería, el comercio, la agricultura y la ganadería; alrededor de ellas se forjaron grandes fortunas y grupos de poder.

En el ámbito rural predominaban las haciendas, cuya expansión, sumada al empobrecimiento de los pueblos y a la división de tierras, provocó la migración de la gente del campo a las ciudades. Los caminos y las calles estaban llenos de indigentes, sobre todo indios y miembros de castas.

El pulque era la bebida por excelencia; abundaban pulquerías pequeñas y grandes, y no faltaban los vendedores de a pie, que lo vendían hasta en las procesiones religiosas.

Los mercados de la Plaza Mayor de la capital novohispana, "el Parián y el Volador", eran los más grandes de todo el virreinato. Muchas mujeres vendían comida en las puertas de sus casas; en las mañanas ofrecían tamales y por las tardes, guisos como chiles rellenos y res adobada.

Se dice que, por la Plaza Mayor, en el centro de la actual Ciudad de México, circulaban diariamente alrededor de veinte mil personas.

En la Nueva España las cosas nunca fueron color de rosa, había desacuerdos entre los "blancos" (como se les hacía llamar a los españoles) y la idea de la independencia comenzó a hacerse realidad con el pronunciamiento del sacerdote Miguel Hidalgo y Costilla quien siempre estuvo inconforme con el trato que se les daba a los mestizos, aunque algunos aseguran que sus intereses eran otros.

Pero la madrugada del 16 de septiembre de 1810 en el pueblo de Dolores (Guanajuato), el sacerdote, para reunir a los indígenas, tocó las campanas de la iglesia y lanzó "vivas a la Virgen de Guadalupe y muera el mal gobierno". Junto a Ignacio Allende, formó un gran ejército e inició una exitosa toma de ciudades, que comenzó en Celaya (21 de septiembre) para seguir con Guanajuato, Valladolid (actual Morelia) y Guadalajara (26 de noviembre).

Se dice que, en Guadalajara, el sacerdote Miguel Hidalgo decretó la abolición de la esclavitud, favoreció a los indígenas con la supresión de tributos y elaboró un plan para restituirles tierras e intentó formar un gobierno provisional. No obstante, el ejército realista inició una ofensiva y logró derrotar a los insurgentes el 11 de enero de 1811.

Aunque Hidalgo logró huir, fue finalmente apresado el 21 de mayo. Luego de un juicio fue excomulgado y fusilado el 30 de julio. Su cabeza fue exhibida como escarmiento en la ciudad de Guanajuato.

A pesar del enorme impacto que causó la ejecución de Hidalgo, la rebelión no se detuvo. Otro sacerdote, José María Morelos, asumió el liderazgo de los insurgentes y tras importantes victorias en el campo de batalla, impulsó la celebración del Congreso de Chilpancingo (junio de 1813), allí presentó un documento titulado *Sentimientos de la nación* donde declaró la independencia, la eliminación de castas y abogó por la soberanía del pueblo.

Al año siguiente fue elaborada la constitución de Apatzingán, considerada la primera constitución de México. Luego de una serie de derrotas, Morelos fue fusilado en diciembre de 1815.

Tras este duro golpe, los insurgentes se transformaron en guerrillas. Estas combatieron al ejército realista por seis años más. El virrey Juan Ruiz de Apodaca le encomendó a Agustín de Iturbide la derrota del jefe insurgente Vicente Guerrero, sin embargo, Iturbide decidió dialogar con Guerrero y —gracias a ello— logró la firma de un acuerdo conocido como Plan de Iguala (24 de febrero de 1821), en el que se establecieron tres principios:

México sería una nación independiente gobernada por Fernando VII; los criollos tendrían los mismos derechos que los españoles; y la Iglesia mantendría todos sus privilegios. Meses más tarde, se firmó, el 27 de septiembre de 1821, el Acta de Independencia del Imperio Mexicano.

La Independencia de México se distingue por el enorme peso del factor religioso, del culto a la Virgen de Guadalupe, la movilización de los campesinos e indígenas y la construcción simbólica de la nación; también por el empleo del terror por parte de los bandos en conflicto, pues los ejércitos realistas arrasaron pueblos para no dejar la semilla de la insurrección y fusilaron a los líderes del levantamiento, aunque estos fuesen sacerdotes.

Por su parte, los insurgentes hicieron varias masacres de gachupines (españoles); asimismo, se diferencia por ser uno de los procesos en que la alianza de las élites y el pueblo fueron más duraderos y fue ahí en donde criollos y mestizos lucharon palmo a palmo y juntos se hicieron uno.

Es importante destacar que durante los tres siglos de dominación española se construyeron un total de veintidós mil ciento siete kilómetros de caminos y veredas por los que se transportaban las mercancías a lomo de mula y caballos. Los arrieros se convirtieron en personajes indispensables para la economía y formaban parte de la que puede considerarse la primera red de comunicaciones del Virreinato.

Algunos de los más importantes insurgentes fueron arrieros, como Albino García, Valerio Trujano y José María Morelos. Los arrieros constituyeron una clase intermedia entre los peones y los hacendados con una participación fundamental en la lucha por la independencia.

Antes de morir le preguntaron a Morelos: "¿Por qué usted, habiendo nacido para militar, se hizo cura? A lo que el caudillo contestó: Porque no había otro camino para dejar de ser arriero." (*Vías de comunicación en 1810*, programa de radio, colección Independencia y Revolución, episodio 24, Instituto Nacional de Estudios Históricos de las Revoluciones de México, 1985).

NUEVE
DE LA INDEPENDENCIA DE MÉXICO A LA REVOLUCIÓN MEXICANA

Después de que México logró su independencia, se instauró un imperio y varios gobiernos, unos buenos, otros no tanto y algunos malos; llegaron nuevas luchas por el poder donde se buscaban nuevos órdenes para una nación naciente y pujante.

En esos nuevos gobiernos, la clase política solo buscaba su beneficio y crecía más el abismo entre los gobernantes y los gobernados: mientras los de la clase política comían manjares y vestían con vestidos suntuosos, el pueblo moría de hambre; poco a poco perdían la esperanza de vivir mejor y empezaron a conformarse con lo poco o nada que tenían.

Perdimos más que la voluntad, lo perdimos todo, porque las cosas no mejoraron, lo peor del caso es que ya no nos gobernaban los de "afuera", sino los "nuestros", pero la gota que derramó el vaso fue treinta largos años de autoritarismo, de un gobierno que vivía en la opulencia mientras el pueblo estaba en la más profunda miseria y en condiciones inimaginables.

DIEZ
DE LA REVOLUCIÓN MEXICANA HASTA NUESTROS DÍAS

Así pasaron más de cien años en nuestro amado México, con presidentes buenos, regulares y pésimos; durante todos los sexenios hemos tenido presidentes diferentes, algunos impuestos por el partido que permaneció por más de setenta años en el poder y que tras su salida, al final de cada sexenio se vivieron crisis económicas desastrosas, bueno, hasta nuestros días.

Es importante destacar que, durante el gobierno de Lázaro Cárdenas (1934-1940) se presentó un reordenamiento social, económico y político que cimentó las bases de la nación hasta al menos finales de la década de los setenta. La reforma agraria, las nacionalizaciones y la búsqueda e impulso a la intervención económica del estado con el objeto de permitir la modernización del país a través de la industria nacional fueron algunos de los principales pilares durante este periodo.

La nacionalización del sistema ferroviario en 1937 y sobre todo la expropiación petrolera en 1938, repercutieron profundamente en los flujos de capitales extranjeros y en la relación de estos con el gobierno (Ornelas, 1989).

Hubo un presidente que dijo que iba a "defender al peso como un perro", pero a la salida de su gobierno pidió perdón a los pobres por la "difícil situación", y también anunció la nacionalización de la Banca mexicana como su solución a la crisis. Además de que dijo: "Es ahora o nunca. México no se ha acabado. ¡No nos volverán a saquear!", frases como esas marcaron un antes y un después en la economía mexicana de los años ochenta.

ONCE
¿POR QUÉ AMAMOS Y PREFERIMOS A LOS DE AFUERA?

Cuando se empezó a conformar la Nueva España, venían familias de origen español —todas con nombre, apellido y abolengo— a poner orden a nuestro México, así fue como desde un principio nos trataron como esclavos, sirvientes y como si no valiéramos nada.

Algunos de ellos eran comerciantes y traían "cosas" (vestidos, trajes, telas, encajes) que solo había en España y otros lugares del mundo. Cuando llegaban a México, la gente se quedaba maravillada de conocerlas y es ahí donde surge —creo yo—, el amor por lo de afuera.

Todas esas "cosas" que venían de otras partes del mundo, eso que no se encontraba aquí, fue lo que asombró desde un principio a los nuestros y empezamos a creer que lo de "afuera" era lo mejor y a tener sentimientos "malinchistas" —como hoy le llamamos—, esta expresión surge de "la malinche" que es el nombre de aquella mujer que fue un regalo a los españoles y, aun así, la castigamos por pensar que ella prefirió aliarse con ellos y acabar con los aztecas.

Hasta nuestros días, el nombre de la *Malintzin* o Malinche sigue retumbando en nuestros oídos, esa que junto con diecinueve esclavas más fue dada como tributo a los españoles por su pueblo, después de que estos ganaran la batalla de Centla en Tabasco; ella tenía la habilidad de aprender idiomas y sirvió de puente de comunicación, traductora, consejera y aliada de Hernán Cortés.

DOCE
NUESTRO LADO FEO

¿Alguna vez has escuchado la historia de los cangrejos mexicanos en una cubeta?, quizá algún maestro, tus papás o un buen amigo te la contaron hace mucho; es aquella en la que supuestamente pusieron en una cubeta cangrejos mexicanos y en otra cangrejos "gringos"; mientras los cangrejos gringos se ayudaban entre sí para poder salir, los cangrejos mexicanos no se comunicaban ni se organizaban para salir, si veían que alguno lo intentaba, lo jalaban; en fin, todos los cangrejos mexicanos en la cubeta nunca pudieron salir, no sé si esto fue real, pero es un buen ejemplo para demostrarnos cómo somos.

Las personas de otros países nos tachan de envidiosos y corruptos, los mismos mexicanos que se van a vivir a otros países dicen que los que nos quedamos en México somos conformistas y flojos, incluso hay gente que desde aquí habla mal de todos.

Frases que alguna vez hemos escuchado:

1. "El que no transa no avanza".
2. "Hoy es el año de Hidalgo, tonto aquel que no se lleve algo".
3. "Ya te *chamaquearon*".
4. "Hay que darle vuelo a la hilacha".
5. "Ya te cayó el *chahuistle*".
6. "Ya te agarraron con las manos en la masa".
7. "A lo que te *truje* Chencha".
8. "A darle que es mole de olla".
9. "Tápale el ojo al macho".
10. "Presta *pa'* la orquesta".
11. "Mejor morir de pie que vivir arrodillado toda la vida".
12. "Vístete de colores".

Existen muchas otras frases, pero si pusiéramos todas definitivamente no acabaríamos, todo esto que forma parte de nuestra historia, vivencias y herencia, es parte de nosotros mismos y lo llevamos tatuado en nuestra piel.

Como si desde nuestras entrañas tratáramos de justificarnos: "soy así porque aquí me tocó vivir", "yo no tuve las mismas oportunidades que otros", "si no te gusta, aguántate", "soy así y nadie me va a hacer cambiar", "¡ni modo! si no te gusta, vete".

TRECE
NUESTRO LADO CHIDO

A pesar de todo el dolor y horror de nuestro origen, las lágrimas y sucesos difíciles que hemos pasado, quedó en nosotros una diminuta luz de esperanza, (esa que los españoles no pudieron apagar ni con todas sus prácticas), que hace que a través de los años sigamos en pie.

Algunos de nosotros aprendimos a reír a pesar de las lágrimas, a salir adelante contra las adversidades, a alimentar al otro aunque no teníamos nada, a darle cobijo al que no tenía dónde dormir, a dar esperanza a aquellos que ya se habían dado por vencidos.

Hemos tenido que sobreponernos ante cualquier situación que se nos presente, reír y alegrarnos por el solo hecho de ser quienes somos; cuando escuches la frase "como México no hay dos" ¡créelo!, porque como nosotros ninguno, porque a pesar de que unos extranjeros (hombres blancos) llegaron a quitarnos todo, seguimos recibiendo con los brazos abiertos al "forastero", ese que viene de lugares lejanos, que no es de aquí.

No obstante, todos los problemas que se nos presentan, los mexicanos somos alegres, hospitalarios, "bonachones", generosos, amigables, nos quitamos el pan de la boca para dárselo a alguien más, en pocas palabras seguimos siendo buenas personas.

Amamos tanto a los nuestros, que cada año les ponemos su altar, los visitamos en sus tumbas, les preparamos su comida favorita, velamos con ellos, los esperamos y observamos otra vez su partida.

Amamos a nuestros ídolos y tanto les lloramos, que vamos hasta donde están —si es posible— para despedirlos, nos hacemos presentes y les prometemos que los vamos a seguir recordando, acompañamos a sus familiares en su dolor y en su pérdida —esa que es irreparable—, ese duelo que al sentirlo nuestro queda ahí para siempre.

México ha llorado mucho, les ha llorado a muchos y hemos aprendido que todo se tiene que superar, que todo pasa y que no pasa nada, creo que nunca perdemos la fe, esa que no se ve y sin embargo es la que hace que se muevan las montañas.

Somos religiosos, amamos a la Virgen de Guadalupe que nos dice: "¿No estoy yo aquí, que soy tu madre?", algunos de nosotros caminamos desde nuestras comunidades, a pie, en bici, en carro o como se pueda, recorriendo miles de kilómetros para llegar hasta la basílica y lo hacemos de rodillas, porque solo ella se lo merece, es la única que nos puede hacer milagros (esas cosas imposibles de lograr y que la ciencia no puede explicar).

Somos cariñosos, amamos a nuestras madres por encima de todo, porque ellas representan el pilar de nuestra familia, las festejamos, les compramos lo que podemos y hasta lo que no, porque "madre solo hay una"; ellas son benditas y nadie las puede tocar ni decir nada de ellas, no permitimos que las insulten y pobre de aquel que lo hace, porque nos salen fuerzas que no conocemos para defenderlas.

Amamos las fiestas, festejamos al cumpleañero, al amigo, al vecino, a toda nuestra familia; no perdemos la oportunidad de hacerlo, porque hemos aprendido a estar felices a pesar de todo, como dicen por ahí, a algunos les gusta "ahogar las penas" y lo hacen tan frecuentemente, que el dolor se les confunde y se funde en ellos.

El ser mexicano representa una bendición y una fortuna: existe a nuestro alrededor mucha gente buena, que a pesar de que le pasen cosas malas, siempre está ahí para ayudar sin esperar nada a cambio, dan hasta lo que no tienen. En pocas palabras, México es un pueblo de fe y esperanza.

Debemos sentirnos orgullosos, amar mucho a nuestra tierra, a nuestros padres y nunca renegar de dónde venimos; por lo tanto, hay que trabajar y dar lo mejor de nosotros, en cada momento y en cualquier lugar, para que después no se diga que estamos "tan lejos de Dios y tan cerca de los Estados Unidos".

CATORCE
LAS BRECHAS GENERACIONALES DE NUESTRO MÉXICO

Hablar de generaciones implica el situar a personas que nacen en un país o en un área geográfica en un contexto social e histórico, con características únicas como valores, sueños y aspiraciones compartidos; para conocer más a detalle estas generaciones que existen en nuestro país, tomaremos como referencia la información publicada en la revista *Alcaldes de México* por Edgar Vásquez Cruz el 13 de junio de 2019.

Para comenzar vamos a hablar de los *baby boomers* también llamados generación "silver", aquellos que son nacidos entre 1946 y 1964, los *baby boomers* recibieron este nombre por el incremento de los nacimientos (*boom*) en países anglosajones al terminar la Segunda Guerra Mundial en 1945.

Actualmente los miembros de esa generación tienen entre 54 y 63 años; sus hábitos de consumo son diferentes a las demás generaciones mencionadas en este artículo y en muchos casos su relación con las tecnologías de la información es lejana o básica.

A diferencia de los *millennial* y *centennial*, la prioridad de los *baby boomers* es su bienestar que se materializa en tranquilidad y salud, junto con la de su familia, por lo que lo más importante para ellos a la hora de gastar, es aquello que los haga sentirse bien y tener cuidados.

Ante la independencia de sus hijos, los *baby boomers* aumentan sus gastos en sus nietos, con lo que estimulan el mercado infantil.

Otros de los gastos más importantes para esta generación son: seguros de salud y de retiro; medicamentos y tratamientos clínicos; viajes a otros países con énfasis en la cultura y el reposo; o productos cosméticos de belleza y antienvejecimiento entre otros.

Finalmente, esta generación es la más apegada al consumo de los medios de comunicación tradicionales (televisión y radio, así como medios impresos), además tiene más adhesión a las marcas, en contraste con las generaciones como *millennial* y *centennial*, para quienes no existe ninguna dificultad en cambiar de marca fácilmente si esto representa mayores beneficios y ahorros económicos.

Las clasificaciones que estereotipan a los jóvenes mexicanos en *millennial* y *centennial* deben ser examinadas a la luz de los datos duros del ingreso económico, nivel educativo y origen social, para entender el contexto en el que se desarrollan, que es muy diferente al de la sociedad de Estados Unidos, con la cual se comparan frecuentemente.

Asimismo, es necesario compararlas con la generación X (de los 31 a los 50 años), que es la que actualmente tiene el mayor poder adquisitivo, para ver el cambio que han experimentado sus hábitos de consumo y su interacción con la tecnología.

De las generaciones en México, la llamada *millennial* (de los 21 a los 30 años) y *centennial* (menos de 21 años), son conocidas por desarrollar una parte importante de su vida más digitalizada. De hecho, la segunda generación es absolutamente nativa de la era digital.

Estos jóvenes consumen moda, música, videos, libros, pornografía e incluso consiguen pareja de manera habitual mediante el uso de las plataformas que existen en la web.

Es en la virtualidad donde estas generaciones de jóvenes mexicanos generan vínculos afectivos, de amistad, políticos y culturales. Otra característica que los define es que suelen mostrar una fuerte dosis de narcisismo y no tienen miedo ni prejuicio a la mirada pública.

Sin embargo, más allá de estos estereotipos, los jóvenes de estas generaciones a los que les toca transitar la realidad mexicana actual se encuentran con varias dificultades relacionadas, básicamente, con su situación socioeconómica.

Los datos del Censo de Población y Vivienda de 2010 de México muestran que hay cuarenta y seis millones de jóvenes de entre 15 y 34 años. Aunque ellos han logrado tener mayor acceso a la educación que sus padres y abuelos, la enseñanza recibida es producto de un sistema educativo obsoleto con resultados mediocres.

Por otro lado, el origen social sigue siendo el factor principal que influye sobre la participación en la educación y el aprendizaje, así como sobre los resultados económicos y sociales, según informa el Panorama de la Educación 2018 de la OCDE. Son unos pocos los que se han formado en circuitos escolares de élite y son quienes alcanzarán puestos de trabajo bien pagados en el mercado laboral.

Cabe destacar que los *millennial* mexicanos son una de las generaciones en México nacida en una década de crisis aguda. Además, las circunstancias del país en que han vivido desde entonces tampoco han sido mejores, si tomamos en cuenta las bajas tasas de crecimiento que los han destinado al desempleo, subempleo e informalidad.

Otro fenómeno que ha marcado fuerte a esta generación es la exclusión, pues a ella pertenecen los siete millones de los denominados *ninis*, una forma coloquial de llamarles a quienes no acceden ni a trabajo ni a educación.

Basado en cifras del Instituto Nacional de Estadística y Geografía (INEGI), en el país hay 21.6 millones de personas que tienen entre 15 y 24 años, las cuales cuentan con la capacidad para laborar o estudiar. No obstante, 66.8 % no se encuentra inscrito en ninguna institución educativa y 5.8 % no tiene empleo. En este sentido, siete de cada diez jóvenes no tienen la oportunidad de laborar o estudiar y además, son mujeres.

Asimismo, el INEGI informó que tres millones de jóvenes de entre 15 y 29 años no cuentan con un trabajo estable. El desempleo más alto se ubica entre las personas de 20 a 24 años. En contraste, la ocupación informal predomina entre la población que tiene entre 15 y 19 años, que conforma el 28.8 % de las personas que generan autoempleos de manera informal. En este sentido, el servicio que registra mayor actividad se encuentra en el hospedaje y en la producción de alimentos.

En otras palabras, el entorno en el que viven los *centennial* y *millennial* mexicanos está marcado por esquemas de desigualdad heredados culturalmente y agudizados en la actualidad por la violencia.

No obstante, la pobreza en el país no solamente es propiciada por la falta de educación superior, sino que también contribuyen la falta de capacitación laboral, las jornadas superiores a las ocho horas, la escasa seguridad social, las pocas prestaciones de ley, la asignación de salarios bajos y las limitadas oportunidades para incorporarse al campo laboral, de acuerdo con el Consejo Nacional de Evaluación de la Política de Desarrollo Social de México.

Un dato interesante sobre la generación *millennial* es que su candidato preferido en las pasadas elecciones federales del 1 de julio de 2018 fue Andrés Manuel López Obrador, lo que le permitió llegar al poder.

Una encuesta llamada "voto *millennial*", realizada por el medio nacion321.com, muestra que 51 % de los entrevistados dijo que daría su voto al entonces candidato de Morena y hoy presidente de la república.

De acuerdo con el análisis "Acceso Generacional a TIC" de The Competitive Intelligence Unit, la generación Z, conformada por personas menores de 21 años, se destaca por la adquisición de dispositivos móviles inteligentes. Sin embargo, aunque tienen mayores intereses y habilidades digitales, compran equipos de gama baja (46.2 %), debido a su bajo poder adquisitivo.

Entonces, en México, el gasto promedio de un *smartphone* es de tres mil pesos aproximadamente y el consumo en servicios móviles es de 109.5 pesos al mes, los que se destinan casi en su totalidad a fines de conectividad y complementan con conexión a redes wifi.

Por su parte los *millennial* —segmento de la población que se encuentra entre los 21 y 30 años— se caracterizan por ser el único grupo de nativos digitales con un poder adquisitivo propio y registran un mayor gasto en la compra de dispositivos: cuatro mil pesos por equipo en promedio. Además, su gasto en servicios móviles asciende a 149.6 pesos al mes. De igual forma, registran un mayor uso del comercio electrónico (79.6 %), al tener mayor acceso y confianza en esta herramienta.

Más allá de su manifiesto interés por el medio ambiente, los intereses de los *millennial* están transformando la venta de autos en México. De acuerdo con datos de J.D. Power, a partir del año 2012 comenzó un alza en la compra de automotores por parte de las personas menores de 35 años, en ese año los *millennial* fueron el 9 % de los compradores de autos en México, para 2013 ese porcentaje aumentó a 14 % y las proyecciones marcan que para el 2020 el 40 % de los consumidores de autos podrían ser *millennial* y el 88 % haría la compra en línea.

Estas proyecciones están obligando a las armadoras a desarrollar autos con las características que exigen estos jóvenes: vehículos más eficientes en consumo de gasolina y con mayor tecnología, principalmente en la gama de compactos y subcompactos, así como la facilidad de comprarlos mediante financiamientos accesibles, incluso sin tener que presentar comprobantes de ingresos.

Asimismo, las características de los autos que buscan los jóvenes responden a las de un vehículo que los lleve del punto A al punto B con el mejor rendimiento posible, requieren que el diseño sea atractivo y que cuente con la tecnología necesaria para conectar su *smartphone*.

Es importante aclarar que el motivo por el que buscan este tipo de autos es debido al incremento que ha tenido la gasolina en los últimos años, además de que el poder adquisitivo destinado a la compra de un auto es cada vez menor.

También el proceso de venta de vehículos está cambiando. No es raro que estos jóvenes hagan sus compras en línea y esto involucra también a la venta de automotores.

Los jóvenes de México no tienen credibilidad en las instituciones públicas, religiosas ni en los partidos políticos y califican como muy mala la situación con la corrupción y la seguridad del país. Estos son resultados que arrojó un sondeo elaborado por Tendencias Digitales para Grupo de Diarios de América (GDA) con el apoyo de Fondo de Población de las Naciones Unidas (UNFPA), que obtuvo opiniones de jóvenes de entre 23 y 36 años en toda Latinoamérica.

El mismo estudio muestra que estos jóvenes tienen posturas en favor del matrimonio igualitario, el respeto a los derechos humanos, la despenalización del aborto, así como la legalización de la marihuana.

El estudio de GDA 2019 mostró que ante la situación actual del país los *millennial* y los *centennial* la consideraron mala en 61.4 % y 68.2 %, respectivamente.

En cuanto al tema ideología, considerando que, en una escala del uno a diez, uno es la izquierda y diez la derecha, el 33.2 % de los *millennial* se sitúan en el número cinco; 11.1 % en el cuatro y 10,8 % en el seis. Por su parte, los *centennial* tienen una tendencia más hacia la izquierda, pues el 41.5 % se sitúa en el cinco, el 15.4 % en el cuatro y 9.3 % en el tres.

Los jóvenes *millennial* y *centennial* tienen una total credibilidad en la familia; están en favor de la despenalización del aborto en su mayoría y aprueban, en principio, el uso medicinal de la marihuana y también "para cualquier uso".

Por otro lado, en lo que respecta a sus finanzas personales, el estudio GDA 2019 muestra que el 86.9 % de los *millennial* tiene una cuenta bancaria, en tanto que el 54.1 % de la generación Z cuenta con una.

Sobre el ahorro para el retiro, el 53.9 % de los *millennial* lo ha pensado, pero no ahorran actualmente, lo mismo sucede con el 56 % de la generación Z.

Los jóvenes de ambas generaciones utilizan las redes sociales para tener contacto con la realidad; los *millennial* prefieren hacerlo mediante Facebook y la generación Z por medio de Instagram.

Según cifras del INEGI, en México hay 21.6 millones de personas de entre 15 y 24 años, de las cuales, 66.8 % no estudia y 5.8 % no tiene empleo. Sin embargo, se ha construido un estereotipo que envuelve a estos jóvenes, incluso contradictorio: algunos señalan que es la peor generación que ha existido debido a la actitud que han adoptado y los cambios que han experimentado, otros afirman que es una de las generaciones más exitosas.

De esta forma, las circunstancias a las que se enfrentan los jóvenes en México son difíciles. Aunque como mencionamos anteriormente, se han mejorado las condiciones para acceder a la educación, esto no garantiza que los beneficios laborales también progresen. Los títulos universitarios no garantizan que así se pueda superar la situación de pobreza, debido a que los modelos laborales establecidos no siempre son rentables para los trabajadores. Sobre todo, por la precarización laboral existente.

Las circunstancias que afectan a estos jóvenes no escapan a las que atraviesa toda la sociedad. Tanto los *millennial* como los *centennial* se enfrentan a que las oportunidades de colocarse en el campo laboral son cada vez menores.

La generación X vio el nacimiento de Internet y los avances tecnológicos, de esta manera, ellos fueron adoptando paulatinamente el uso de tecnología, por lo que suelen llamarse "migrantes digitales".

Tomando en cuenta lo anterior, concluimos en que la generación X, *millennial* y *centennial,* tienen un comportamiento distinto entre sí por los diversos acontecimientos que cada uno ha vivido, esto hace que su patrón de consumo también sea diferente.

Lo cierto es que esta generación que se encuentra entre los 31 y los 50 años, reflejó una fácil adaptación a los cambios tecnológicos. Según el estudio de "Economía joven", se registra en la compra de dispositivos, 3401 pesos en promedio y muestra un gasto de 141.50 pesos al mes en servicios móviles.

Un rasgo interesante de estos usuarios es que se encuentran en el segundo lugar de penetración en el uso de *e-commerce* (65.8 %), lo cual se explica dado que es el sector que tiene los medios de pago suficientes y el poder adquisitivo para realizar compras en línea.

De acuerdo con un estudio de Global Web Index, los integrantes de esta generación han adoptado por completo los medios digitales. Si bien la TV es su fuente principal de entretenimiento, un tercio del tiempo que destinan diario al consumo de contenido basado en video, lo obtienen de los servicios de *streaming* (como Netflix). Además, uno de cada cinco ha pagado por este tipo de servicio en el último mes.

Global Web Index también señala que la generación X pasa cerca de dos horas al día, en promedio, dentro de las redes sociales, siendo Facebook su plataforma preferida; la utilizan para mantenerse al día con las últimas noticias o entrar en contacto con sus amigos, algo que no ocurre con generaciones como los *millennial* que solo navegan por la red de forma casual.

A la hora de comprar en línea prefieren los dispositivos móviles. Global Web Index identificó que es habitual que utilicen sus dispositivos, en lugar de una PC o Laptop, para buscar productos.

Este segmento de la población cuenta con una afluencia de ingresos que se sostiene, sin embargo, siempre están buscando ofertas cuando se trata de comprar productos. Es de destacar que aproximadamente el 50 % se ven ampliamente motivados a la compra cuando existen cupones o descuentos y si una marca lo hace bien, es probable que se gane su lealtad, pues tres de cada cinco señalan que una vez que encuentran una marca que les gusta, se apegan a ella.

Esta generación sobrevivió a la fiebre consumista de los ochenta, que vio nacer Internet y caer la burbuja .com de los noventa. Cuando jóvenes, fueron una generación rebelde y contracorriente que se negaba a aceptar el mundo establecido por los adultos del momento. Fueron la generación del *grunge* que rompía estereotipos y modelos de conducta. En la actualidad muchos son padres y madres de miembros de la generación *millennial* y *centennial*.

QUINCE
MARCAS PODEROSAS NACIDAS EN MÉXICO

Ivan de Souza en su blog llamado rockcontent.com y bajo el nombre de: "Las diez marcas mexicanas más valiosas y ¿qué lecciones nos aportan?" (publicado el 15 de diciembre del 2019), enlista a estas diez empresas, que dicho sea de paso han demostrado que lo que se hace en México está bien hecho.

PETRÓLEOS MEXICANOS (PEMEX)

PEMEX fue creada el 7 de junio de 1938 por el presidente Lázaro Cárdenas del Río y se establece como una empresa estatal de exploración, explotación, refinación, transporte y comercialización de petróleo y gas natural en México.

Durante el año 2013, en la presidencia de Enrique Peña Nieto, se promulgó la reforma energética para incrementar la producción petrolera del país y sus reservas, así como reforzar la rectoría del estado mexicano como propietario y regulador de la industria petrolera.

Para el 2017, PEMEX se posicionó como una "marca valiosa" según el análisis de Brand Finance Global 500 (2017), y para el año 2019 se pronunció como la marca más valiosa en México con un valor de 9010 millones de dólares y un alza del 22 % en su valor respecto al 2018.

CLARO

Es una marca de servicios de telecomunicaciones fundada en el 2003, cuya propiedad es de la empresa América Móvil y que, está en posesión del Grupo Carso junto a Telcel, Telmex y Telesites, cuyo accionista mayoritario es Carlos Slim.

Sus excelentes servicios, buenas coberturas, avances tecnológicos y el acercamiento que tiene con sus clientes, le permitieron situarse como una de las marcas con mayor éxito en toda Latinoamérica y por supuesto, en México.

Tanto es así, que las estadísticas del Brand Finance la posicionan como la empresa número dos en el ranking de las más valiosas en México con un valor de 5931 millones de dólares y como mencionamos anteriormente, se encuentra dentro del ranking global en la posición 347.

CORONA

Corona es una marca de cerveza mexicana que salió al mercado en 1925, elaborada por Grupo Modelo, la cual actualmente forma parte de la multinacional belga AB InBev.

La empresa pasó por muchos cambios a lo largo de la historia. Uno de ellos fue la evolución de su industria cervecera para satisfacer a un público más exigente.

También creó conexiones con sus consumidores a nivel emocional a partir de estrategias de *branding* súper conocidas.

Además, el considerar a los clientes siempre que se tome una decisión y el analizar los hábitos respecto al consumo de los medios de comunicación, son acciones que han hecho que Corona sea una empresa valiosa tanto a nivel nacional como internacional.

En México, se posiciona en el puesto número tres como una de las marcas valiosas con un valor de 4006 millones de dólares, lo que la lleva a tener un crecimiento del 17.2 % respecto al año 2018.

Además, está posicionada como una de las empresas más fuertes del país ubicándose en el puesto número ocho con un BSI (Índice de Fortaleza de Marca) de 88.5 sobre 100 puntos.

TELCEL

Es una compañía mexicana de telecomunicaciones y servicios de valor agregado que forma parte de América Móvil. Los inicios de Telcel se remontan a 1981 como el primer servicio de teléfono en automóvil (radiotelefonía móvil) en México, sin embargo, es a partir de 1989 que surge como la conocemos hoy en día.

La innovación, la mejora continua, el apoyo al deporte y la promoción de eventos deportivos en México, así como su responsabilidad social, entre otros puntos, la han consolidado como líder en telefonía móvil.

Así llegó Telcel a tomar la posición número cuatro del ranking de marcas mexicanas en el 2019, la cual cuenta con un valor de 3225 millones de dólares.

CEMEX

CEMEX es una compañía internacional dedicada a la industria de la construcción, fundada en 1906 que ofrece productos y servicios de este ramo.

Esta empresa mexicana ocupa mundialmente el tercer lugar en ventas de cemento, es la primera compañía productora de concreto premezclado y actualmente se ha convertido en la empresa de cemento más rentable del mundo.

Su éxito se basa en:

- el percibir la lealtad de los consumidores a la marca como una ventaja sostenible competitiva;
- centrarse en construir una marca fuerte para clientes B2B y consumidores finales (B2C);
- construir una colaboración eficiente para su desarrollo empresarial;
- y ser una empresa con responsabilidad social.

Tanto es así que en México se ha posicionado como una empresa valiosa con un valor de 2729 millones de dólares, lo cual la ubica en el quinto lugar del ranking de Brand Finance.

BODEGA AURRERÁ

Fue fundada en 1958 y fue la segunda cadena minorista que se abrió en México, actualmente es propiedad de Walmart.

Debido a su ubicación estratégica, tipo de servicio y expansión se ha incorporado en el ranking de las empresas más valiosas en el país.

Actualmente se encuentra en la posición número seis con un valor de 2302 millones de dólares superando la ubicación que tenía en el 2018 (era el número nueve) y aumentando su valor un 17.8 % respecto a dicho año.

BIMBO

Grupo Bimbo es una empresa multinacional mexicana fundada en 1945 y actualmente es la panificadora más grande del mundo.

La calidad y variedad de sus productos, la adquisición de compañías dentro del mercado de alimentos, su impulso a formar parte del mercado internacional y la utilización de energías renovables elevaron su posicionamiento a nivel mundial.

Para el 2019, en México, se ubicó en el séptimo puesto del ranking con un valor de 1973 millones de dólares.

OXXO

Es una cadena de tiendas de conveniencia mexicana, fundada en 1977 y actualmente es propiedad de FEMSA. Hoy es la tercera cadena con más ventas en el país y la séptima más grande (por ventas) de América Latina.

Los secretos de OXXO para el éxito del que hoy goza son:

- el mantener una estrategia de expansión ambiciosa (estaciones de gasolina, servicios financieros y de remesas, alianza con Amazon, entre otros);
- ofrecer una gran variedad de productos y servicios;
- y contar con ubicaciones estratégicas.

Actualmente se considera como una de las marcas mexicanas de mayor valor, posicionándose en el 2019 en el octavo lugar con un valor de 1888 millones de dólares.

GAMESA

Grupo Gamesa o formalmente llamado Galletera Mexicana S. A. de C. V., fue fundada en 1921 y se trata de un grupo comercial e industrial de galletas.

Hoy se posiciona como una compañía valiosa que cuenta con un valor de 1456 millones de dólares y un crecimiento en valor del 31.8 % respecto al 2018.

Muchos factores permitieron que Gamesa llegara a este alto puesto entre las marcas mexicanas, entre ellos:

- reforzar su línea de productos;
- realizar una alianza con Quaker;
- contar con variedad y calidad en sus productos;
- crear confianza con sus consumidores;
- y crecer como una empresa de "multicategoría".

BANORTE

El Grupo Financiero Banorte es una institución financiera y bancaria mexicana. A pesar de tener un largo camino recorrido, Banorte se creó formalmente en 1993.

Actualmente es uno de los cuatro bancos más grandes del país en términos de préstamos y activos y el administrador más largo de afores.

Su arduo trabajo para desarrollar la arquitectura de la marca y su interés por la innovación y por mejorar la experiencia de sus clientes, ha llevado a Banorte a posicionarse como la décima marca valiosa en México con un valor de 1418 millones de dólares.

DIECISÉIS
HISTORIA DE LAS FRANQUICIAS EN MÉXICO

Las franquicias en México representan un parteaguas en la forma de hacer negocios y por ello es por lo que me permití traer a colación su historia y cómo han crecido en nuestro país, aunque no todas han terminado con finales felices.

En la revista *Entrepreneur* se narra la historia de las franquicias en México, a continuación, revisaremos un poco de esta: para el año de 1985 McDonald's fue la primera franquicia que llegó al país. Fue así como, a partir del 29 de octubre de 1985, día en que inició operaciones en el Distrito Federal, México entró en una nueva era, donde los negocios probados nos enseñarían una nueva modalidad para emprender. Actualmente esta marca tiene más de trescientos sesenta sucursales en la República.

La empresa Dormimundo fue de las primeras marcas mexicanas en franquiciar; el primer registro que se tiene es de 1989, cuando contaba con treinta unidades y hoy tiene doscientos treinta y cuatro.

También en el año de 1989 nació la Asociación Mexicana de Franquicias (AMF), con una modesta cantidad de marcas afiliadas y con René Morato Fontana, director de Franquicias de Howard Johnson al frente de esta. Desde entonces, esta organización ha impulsado el desarrollo del sector, sumando más de trescientas marcas a la fecha.

El Sr. Juan Huerdo Lange (q. e. p. d.), director general del Centro Internacional de Franquicias, asumió la presidencia de la AMF. De hecho, en honor a él, la AMF año con año otorga el "Premio Juan Huerdo" a la persona o institución que se haya destacado por sus aportes a este sector.

El nombre de franquicia es reconocido como una figura jurídica vigente en la legislación mexicana, al ser incluida en el artículo 142 de la Ley de Propiedad Industrial, anteriormente conocida como la Ley sobre el Control y Registro de la Transferencia de Tecnología.

. . .

Para este año, el libro *Franquicias: la revolución de los 90*, de los hermanos Enrique y Rodrigo González Calvillo, era el único escrito por mexicanos hasta ese momento, el cual hablaba acerca de la realidad de la franquicia en el mundo y de las consideraciones generales que debían seguirse para desarrollar estos modelos.

Para formalizar el contrato de franquicia, en México, a partir del 8 de diciembre de este año, se volvió obligatorio entregar la Circular de Oferta de Franquicia (COF), la cual indicaba el estado que la empresa guardaba estableciendo algunos temas como la vigencia del contrato y otras características de la franquicia, pero no se tenía establecido ningún parámetro para conocer el estado general de la empresa franquiciante. La COF era entregada mínimo quince días antes de la celebración de la firma.

El Sr. Luis Luna Neve se hizo cargo de la AMF y salió en enero al mercado la primera edición de *Franquicias de Entrepreneur* en México, misma en la que únicamente se contabilizaron cuatrocientos cincuenta y siete marcas —en su mayoría extranjeras—. El directorio de la edición 2015 integraba ya a mil noventa y seis enseñas.

Históricamente, 1994 fue uno de los años con mayor complejidad en lo que a la economía de México se refiere. Para el sector de las franquicias representó un año clave en cuanto a la llegada de nuevas marcas a nuestro territorio. Por otro lado, algunos trabajadores liquidados a raíz de la crisis económica decidieron invertir su patrimonio en franquicias que representaban seguridad. La Cámara Nacional de la Industria de Restaurantes y Alimentos Condimentados (CANIRAC), señala que en el año 1994, más de 5000 restaurantes cerraron sus puertas o se declararon en quiebra. De esa cifra, únicamente diecinueve fueron franquicias.

A partir de 1995, y como un claro aviso a los demás sectores, la revista *Entrepreneur* tituló a su edición especial *500 Franquicias en México*. De esta forma se demostró por primera vez, que las franquicias crecían, inclusive, en épocas difíciles: uno de los principales argumentos para los franquiciantes a la hora de vender sus modelos de negocio.

También ya se hablaba de las franquicias mexicanas que traspasaban fronteras. Marcas como Helados Bing y Holanda, ubicaban franquicias en España, Guatemala y El Salvador. Otras como Souvenirs Bye Bye, Flash Taco y VIPS, anunciaban su exportación a Estados Unidos, mientras que Juven's (ropa para bebés, niños y jóvenes) se expandía a Chile.

Para este entonces, buscar apoyo por medio del Gobierno e Instituciones Financieras era una realidad gracias a Bancomer y su gerencia especializada en franquicias, en la que exclusivamente se atendían solicitudes de crédito para ese sector. Además, el BNCI, NAFIN, Bancomext y el FIDEC se encargaban de brindar préstamos a los interesados en adquirir este modelo de negocios.

El marco legal en ese momento incluyó a la Circular de Oferta de Franquicia (COF) en el artículo 142 de la Ley de la Propiedad Industrial, la cual se definía de la siguiente manera: "Quien conceda una franquicia, deberá proporcionar, previamente a la celebración del convenio respectivo, la información relativa sobre el estado que guarda su empresa…". Tres años y medio después se definió el contenido del documento.

Para 1995, Bancomer, Bancomext, NAFIN y Banorte eran las opciones que los inversionistas tenían a la hora de solicitar un préstamo para la adquisición de una franquicia. El financiamiento era desde cien mil hasta diez millones de pesos, dependiendo la entidad financiera y los plazos variaban de uno a cinco años. No se proporcionaba el porcentaje claro de los intereses. En todas las alternativas, los créditos eran establecidos preferentemente para pymes y/o compañías que trabajaban directa o indirectamente con el comercio exterior, actividades agroindustriales, agropecuarias, etc. Pero nunca para franquicias específicamente.

Aunque Sushi Itto ya comercializaba su marca en Guatemala desde 1991, en 1996 voló a Panamá y Estados Unidos. Hoy, cuenta con ciento veinticuatro sucursales en México y tiene una presencia internacional en crecimiento en la Unión Americana, Centroamérica y España.

Diversiones Moy fue uno de los primeros casos de éxito de franquicias mexicanas en el extranjero (1996). En ese momento contaba con sesenta unidades y se preparaba para entrar a Centroamérica. En 2012 sumaban dieciséis sucursales, las cuales no se especifica si son o no franquicias.

Se habló por primera vez de Prendamex en la edición de 1996 de la revista. Para 2001 ya sumaba sesenta unidades y hoy tiene una red de seiscientas noventa y seis sucursales con presencia en México en Guatemala y Estados Unidos.

En 1996, se estimaba que diez años después existirían seiscientas o seiscientas cincuenta marcas. La realidad superó estas cifras, pues en la edición especial de ese año de *Entrepreneur* se contabilizaron setecientas cincuenta enseñas. La AMF ya afiliaba a ciento cincuenta marcas, lo que representaba un crecimiento importante en el gremio. A pesar de ello, se publicaron las primeras notas sobre los errores en las franquicias, donde la marca Deportes Martí, por ejemplo, anunció que dejaba el modelo de franquicias, dada la situación económica por la que atravesaba el país.

La salida al extranjero de varias marcas nacionales sirvió como ejemplo para otras empresas, que desarrollaron sus marcas de acuerdo con esta modalidad de negocio… y salieron adelante. Uno de estos casos fue D'Paul, que en 1999 se lanzó a la aventura de franquiciar sus tiendas de ropa para caballero.

Ya entre 1999 y el año 2000 se hablaba de las primeras franquicias de baja inversión, las cuales se adquirían a partir de cuarenta mil pesos. Estas franquicias ofrecían servicios como *software* para crear libros personalizados, diversos talleres y hasta un expendio de churros.

Para el año de 2001, las franquicias se presentaban como una de las opciones de negocios preferente y asegurada para los emprendedores. La AMF estimaba que la tendencia para los siguientes años sería parecida a la que se presentaba en esos años, es decir, que crecerían entre un 15 % y un 20 % anual. Esa cifra fue ajustada a partir de la diferenciación actual de las franquicias y las oportunidades de negocios, que se hizo oficial en la revista *Entrepreneur* a partir del 2004.

En la edición del año del 2003 se habló por primera vez de franquicias sociales y su tendencia de crecimiento en Brasil, con una veintena de conceptos en desarrollo, entre los que destacaban las siguientes: guarderías para niños de padres de escasos recursos, capacitación técnica para jóvenes de bajos recursos, escuelas de informática en prisiones, apoyo y creación de estrategias de distribución de artesanías, creación de fundaciones junto con instituciones privadas y entretenimiento con payasos en pediátricos y orfanatos.

En octubre de 2005, la AMF, los principales consultores de negocios y franquicias y la Comisión de Economía de la LIX Legislatura de la Cámara de Diputados del H. Congreso de la Unión, participaron en el decreto que reformó y adicionó diversas disposiciones a la Ley de Propiedad Industrial, en materia de franquicias. En el documento se modificó la definición de "franquicia" (Artículo 142), además de otras disposiciones como el contenido mínimo de la COF.

Con estas últimas modificaciones a la ley, algo importante se gestaba justo en el último trimestre del

2006. La Secretaría de Economía (SE) mantenía importantes reuniones con la AMF, los consultores y algunos representantes clave del sector. En equipo, se estaba formando el Programa Nacional de Franquicias (PNF), que iniciaría con las funciones del nuevo presidente electo: Felipe Calderón.

En mayo de 2006 inició el programa "Crédito a Franquicias", desarrollado por la Secretaría de Economía (SE), y había cuarenta millones de pesos como fondo de garantía. El banco que otorgaría los créditos era HSBC. Para diciembre de ese año, no se veía ningún avance sobre el programa, por lo que se redujo a un 50 % del fondo destinado.

En la edición número 15 de *500 Franquicias,* se reportó la exportación de El Fogoncito a China, primer restaurante de franquicias mexicano en el país asiático, así como FONART, 100 % mexicano en mercados centroamericanos. También se incluyeron seis marcas significativas a lo largo de la historia de franquicias en nuestro país: Dormimundo, Prendamex, Sushi Itto, Hawaiian Paradise, El Fogoncito y Bisquets Obregón, conceptos que a la fecha siguen representando orgullosamente a México en el mundo.

En cuanto a los modelos de franquicias desarrollados, a partir de 2009, se empezaron a gestar un número importante de desarrollos conocidos con la modalidad "más noble", hablamos de las franquicias sociales o con impacto social. Modelos que estaban reconocidos en Brasil, pero que aquí aún no se implantaban con éxito. De esta manera, las franquicias no solo clonan negocios, sino respuestas a las principales problemáticas de las poblaciones vulnerables del país.

DIECISIETE
TIPOS DE CONSUMIDORES MEXICANOS

Todo este recorrido histórico-social que hemos hecho es con la única finalidad de entendernos, tratar de explicar ¿por qué somos como somos?, ¿por qué compramos lo que compramos?, y ¿cómo lo compramos?; la razón por la cual considero que compramos lo que compramos es porque creo que compramos lo que somos, esto en base a nuestra personalidad, valores, estilo de vida, etc., valga la redundancia.

Por todo ello, es que propongo esta clasificación, de modo que revisaremos y analizaremos algunas de las estrategias que varias marcas utilizan para acercarse y venderle a esta clasificación de tipos de consumidores.

Bajo la premisa de que no todos somos iguales y cada uno de nosotros tenemos características de consumo muy bien definidas, además de que no podemos generalizar, quizá haya más tipos de consumidores y seguramente esta lista se queda muy corta.

Estoy consciente también de que es imposible encasillarnos, sin embargo, considero que en esta clasificación están los más sobresalientes. Me permití clasificar en ocho tipos al consumidor mexicano del género masculino, en una sola categoría a las mujeres y en otra a la comunidad LGTBQQ+ que llamé *La Shula*.

Probablemente haga falta mucha información de toda esta comunidad y ser más explícitos, ofrecer más detalles en cuanto a su conformación y características esenciales, quizá en un futuro se pueda enriquecer más a esta clasificación y se pueda hacer una subclasificación, pero por el momento solo las coloqué así en un solo tipo y no quise dejarla fuera, ya que hoy por hoy presentan una fuerza importante en todos los sectores tanto económicos como sociales de este país.

Y, por otro lado, les presento a *La Reyna*, esto se debe a que es mi homenaje a las mujeres incluyéndome, desde la perspectiva de que somos diferentes en muchos aspectos tanto físicos, como anímicos y mentales a los hombres.

Pero por el momento, este homenaje va en el sentido, de que la mujer mexicana es valorada a nivel internacional, por su forma de ser: trabajadora, por como saca a sus hijos y familias adelante, los cuida y protege; es momento de reconocernos, valorarnos y seguir adelante.

Es importante aclarar que cada consumidor incluye características personales, así como variables demográficas y psicográficas, generación a la que pertenece y tácticas de cómo se les puede vender.

A continuación, te presento a los diez tipos de consumidores mexicanos:

El presumido

Target:

- Edad: 17 a 45 años.
- Género: masculino.
- NSE: AB, C+C.
- Valores: elegancia, estatus, lujo, seguridad.
- Generación: X, *millennial* y Z.
- Circunstancia histórica: Nativos digitales.
- Rasgo característico: irreverente, frustración y obsesionado por el éxito.
- Características personales: le gusta vestir bien, diferenciarse de los demás, no repite su *outfit*. Está al pendiente de todo lo que pasa a su alrededor.

- Cómo venderle a este cliente: tienes que ofrecerle experiencias, adoran el buen gusto, lo auténtico, lo original. Hazle sentir a cada momento que es importante.

Estrategias utilizadas por algunas marcas:

Una de las características que distinguen a las marcas de lujo, además del precio y calidad, es el tipo de experiencia de compra que ofrecen como parte de sus estrategias de *marketing* y que gran parte de su comunicación y mensajes son aspiracionales.

Entre las diversas marcas de lujo y específicamente dentro de las conocidas como de diseñador, Gucci es una de las firmas más representativas de esta industria.

Kantar Millward Brown la ha colocado como la tercera marca de lujo más valiosa del mundo este año, con un valor de 22 442 millones de dólares, solo detrás de Louis Vuitton y Hermés.

Actualmente esta marca ya cuenta con un segmento de compradores cautivos que, a lo largo del tiempo, buscan sus productos. No obstante, hoy en día hay un sector de la población que está siendo fuertemente atraído por Gucci y que ha logrado impactar positivamente en sus ventas del primer trimestre de 2018.

Se trata de los clientes *millennial*, un sector que ha contribuido con el 55 % de las ventas de la firma italiana, de enero a marzo. La información de *Wall Street Journal* indica en Estados Unidos que Gucci es la décima marca favorita de este tipo de cliente.

De acuerdo con *Business Insider* se debe, —en gran medida— a su director creativo Alessandro Michele, quien lidera desde 2015. Gracias a su trabajo e inclusión de colores brillantes, eclécticos y patrones, es como estos clientes jóvenes se interesan fuertemente en Gucci, lo cual también se ha visto influenciado por su estrategia de *marketing* en redes sociales, sobre todo en Instagram.

Además, los nuevos diseños basado en la moda de los noventa y la vinculación de marcas de lujo con celebridades, también han contribuido con las ventas realizadas por estos clientes *millennial*.

Fuente: (informabtl.com) Publicado: 11 junio, 2019.

Por otro lado, para conocer a profundidad cómo es el consumidor de moda *online* en México, la Asociación Mexicana de Venta *Online* (AMVO) en colaboración con Elogia y Netquest ha presentado el Estudio de Venta *Online* en Moda 2019, en el que se da a conocer la situación actual del comercio electrónico de artículos de moda en México.

Para realizarlo, se recolectó la información por medio de encuestas a mexicanos entre los 18 y 55 años que hayan adquirido productos de moda *online* en los últimos seis meses.

De forma espontánea, los mexicanos encuestados pudieron recordar en promedio 5.4 tiendas *online* para adquirir artículos de moda. Entre todas ellas, la marca más recordada de manera franca es Liverpool (61 %), seguida de lejos por Amazon (40 %) y Mercado Libre (33 %).

TIENDA FAVORITA

Tienda	%
Liverpool	26%
mercado libre	15%
amazon	14%
privalia	10%
Palacio de Hierro	6%
ZARA	5%
FOREVER 21	4%
SEARS	3%
(Best)	3%
LINIO	3%
Bershka	3%
ösom	1%
Ninguna	7%

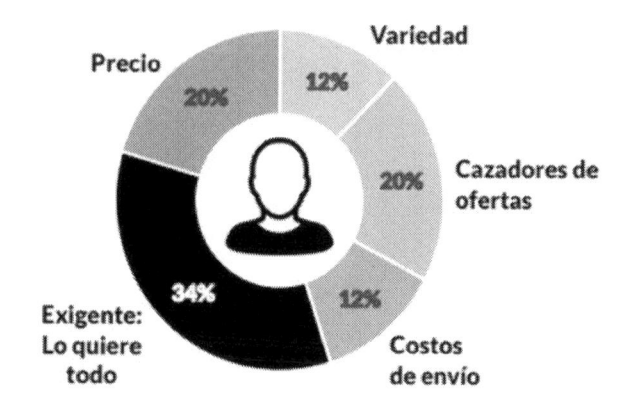

Precio 20%
Variedad 12%
Cazadores de ofertas 20%
Costos de envío 12%
Exigente: Lo quiere todo 34%

amvo.org.mx

En función de las respuestas que los consumidores realizaron, el estudio pudo determinar cinco tipologías de usuarios en base a su ideal de marca al momento de realizar la compra de moda *online* en México.

Entre los atributos de la marca ideal, el estudio reveló que ofrecer formas de pago más seguras, ofertas y descuentos, tener buenos precios en general, costos de envío económicos o gratuitos y entregar productos de calidad son los aspectos más relevantes para los consumidores.

Entre las razones por las que los consumidores prefieren adquirir los productos de moda *online* en

México se encuentran: envíos a domicilio (60 %), ofertas y promociones (59 %), poder realizar la compra a cualquier hora (55 %).

A pesar de ello, algunos usuarios prefieren el canal físico para realizar sus compras de moda, entre sus razones se encuentran: que prefieren probarse los artículos de moda antes de comprarlos (71 %), porque les gusta tocar las telas o conocer las variedades de los artículos (59 %), prefiere no esperar a que llegue la compra (31 %).

Las redes sociales han mostrado más relevancia dentro de la categoría de moda en comparación con el comportamiento general de los consumidores *online*, algo muy importante que resalta para esta categoría social, es el estímulo visual.

En cuanto a los hábitos de compra *online* dentro de la moda, los consumidores mexicanos comienzan a buscar una semana antes los productos que desean para recibirlos el día que lo requieren.

El gasto promedio es de 1567 pesos, mientras que los internautas de entre 26 a 30 años son los que más veces compran por esta vía (6.6 al mes) y los que más gastan, con un promedio de 1724 pesos.

La tarjeta de débito es la forma de pago preferida por el 57 % de los consumidores para artículos de moda vía *online*, mientras que un 67 % de ellos buscan ropa casual y para ellos mismos el 92 %.

Tiendas departamentales, como Liverpool y Sears, han anclado parte de su crecimiento en este tipo de desarrollos y aun sin grandes almacenes, también El Palacio de Hierro, ha crecido de forma muy discreta en estos centros comerciales con minitiendas de sus marcas de lujo.

Liverpool

Aproximadamente hace dos años Liverpool cerró la adquisición de Suburbia. A la fecha, la marca se ha enfocado en renovar la apariencia de las tiendas, su expansión geográfica y su apuesta electrónica, a fin de poder duplicar el número de tiendas Suburbia en el mediano plazo.

De acuerdo con Laurence Pepping, director general de Suburbia: "Previo a la adquisición, Suburbia venía creciendo entre 2 % y 3 %, desde la compra, estamos viendo crecimientos de doble dígito", explica. Al cierre de 2018, las ventas de Suburbia sumaron diecisiete mil millones de pesos, un crecimiento del 36 % respecto a los últimos nueve meses de 2017, luego de la transacción.

En 2019, Suburbia será uno de los pilares de crecimiento para la cadena mexicana de tiendas departamentales Liverpool, con el que podría ayudar a reforzar las inversiones.

En ese sentido, la empresa comenzó a trabajar en cinco estrategias. "Queremos extender el liderazgo a nuevos estados, duplicar el número de tiendas y expandir la marca fuera del país, definitivamente en Latinoamérica", comentó el directivo.

A decir del directivo, al cierre del primer trimestre de 2019 desaparecieron veintitrés tiendas Fábricas de Francia en Liverpool; en sustitución, "Suburbia tiene una marca extraordinaria y superior a Fábricas de Francia, por eso decidimos dividir el mercado departamental entre ambas marcas".

Por lo tanto, Suburbia tendrá un nuevo formato que contará con "muchos elementos que rompen con lo que veníamos haciendo en términos de iluminación, diseño flexible para ajustar piso de ventas y nuevos materiales", adelantó.

El negocio principal de Suburbia ha sido la venta de ropa. Su marca propia Weekend lidera las ventas en volumen en ropa en el país, con ventas de más de veintisiete millones de prendas vendidas en 2018 y la apuesta seguirá siendo a las marcas propias, dijo el director de Suburbia.

Para Pepping, Suburbia necesitaba incursionar en la venta de mercancías generales como línea blanca, electrodomésticos y hasta colchones. Ahora, en algunas conversiones ya hay piso de venta para mercancías generales, mientras que en las tiendas donde no hay espacio para ello, la empresa empuja su estrategia de ventas *omnicanal*.

Para desarrollar su plataforma de comercio electrónico, Suburbia usó el *expertise* de su director general y Liverpool. En octubre, lanzó el sitio de compras electrónicas y se comenzaron a instalar kioscos de venta en las tiendas. "Es la mejor forma de publicitar tus productos, porque el hábito de la gente es ver en la página lo que les gusta y luego ir a la tienda a comprarlo", explicó Pepping.

Estando a cargo del comercio electrónico de Liverpool, el director observó que el 50 % de las visitas a la tienda en línea terminan en una compra en la tienda física en el segmento de mercancías generales, mientras que para ropa el porcentaje es de hasta 30 %. Además, a esto se suma que quienes hacen las compras en línea y recogen en tienda, suelen hacer una compra adicional.

Al integrarse al grupo, Suburbia dejó de lado a sus socios comerciales en el área de crédito y lanzó su propia tarjeta, tal como Liverpool. "Es más útil cuando es un producto desarrollado por ti de acuerdo con lo que necesitan tus clientes", afirmó el directivo. La tarjeta se lanzó en 2018 y a la fecha suma más de trescientos cincuenta mil tarjetahabientes. Las ventas vía crédito representan el 9 % del total.

Después de la compra, Suburbia no solo apunta a crecer en más estados del país, sino incluso en salir de México. "El año que compramos la compañía abrimos dos tiendas y el siguiente siete; este año pensamos, entre aperturas y conversiones, abrir más de veinte", dijo Pepping.

Pero la idea es expandirse fuera de México y explorar nuevos países en Latinoamérica ya sea con operadores locales u operando ellos mismos. De acuerdo con Pepping, el paso inicial es aprovechar la experiencia de Liverpool y buscar nuevas ubicaciones para Suburbia y entrar a ciudades donde no tiene presencia.

Fuente: Expansión

Palacio de Hierro

Entre 2015 y 2018, El Palacio de Hierro solo abrió una unidad nueva, para llegar a 21, mientras que Liverpool y Sears sumaron 28 y 10, para llegar a 136 y 97 tiendas respectivamente. La empresa de Grupo Bal que dirige Juan Carlos Escribano se ha centrado en sacar provecho de su apuesta de lujo con la creación de tiendas icónicas, buscando mejorar la experiencia de compra y ganando presencia en centros comerciales con sus boutiques. La estrategia ha sido redituable. Sus ventas han crecido por encima del sector desde 2015, con un incremento de 7.9 % en 2018, frente al 5 % de las empresas de la Asociación Nacional de Tiendas de Autoservicio y Departamentales (ANTAD).

Uno de los principales proyectos de Grupo Palacio de Hierro en los últimos cinco años fue la renovación de su tienda de Polanco, en la Ciudad de México. El palacio de los palacios es la insignia del grupo, con sesenta mil metros cuadrados. Fue un proceso cansado para la firma, pero, en lugar de frenar su estrategia, sentó un nuevo precedente para las nuevas unidades y las ya existentes.

"Este es un negocio al que le tienes que invertir capital porque las cosas se van poniendo de moda o van cambiando. Como nuestras casas, que de repente tienes algo que no funciona y hay que renovar un poquito. Nos vamos adaptando", dijo Escribano en diciembre tras un evento en la bolsa.

Privilegiar la calidad de las tiendas sobre el volumen ha sido una estrategia exitosa, dice José Luis Cano, director ejecutivo de Deuda Corporativa de HR Ratings. Estar en un segmento *premium* y enfatizar la experiencia del cliente ha sido un elemento para crear fidelidad. "La estrategia, más que de expansión en tiendas, es mantener las que tiene, diversificar y aprovechar la tecnología para impulsar el *ticket* promedio y las ventas con la base de sus consumidores".

La compañía abrió en 2019 una nueva tienda en Veracruz, que requirió una inversión de cuarenta y tres millones de dólares, con la que mezcla por primera vez el concepto de tienda física con el digital. El siguiente paso es la renovación de unidades para adaptarlas a estos nuevos formatos. En el primer trimestre de 2020 se completarán las de las tiendas de Perisur y Santa Fe, y posteriormente, Coyoacán, a partir de 2021.

Para conseguirlo, la firma recurrió el año pasado, por primera vez, al mercado de deuda, con la emisión de bonos por cinco mil millones de pesos, parte de los cuales destinará a inversiones de capital. "El compromiso es seguir invirtiendo conforme van surgiendo las oportunidades, pero siempre tienes que hacer una mezcla de renovaciones y tiendas nuevas", dijo Escribano.

Uno de los segmentos más rentables para la firma es el de boutiques. El grupo opera más de treinta marcas de lujo, como Michael Kors, Cartier, Tiffany & Co., Prada y otras, como Desigual, Mango o Aldo, con las que suma poco más de ciento treinta boutiques en centros comerciales y las principales calles comerciales del país. El número varía poco desde que, en 2015, llegó a ciento cuarenta y nueve unidades.

Esto, dice Escribano, se debe a que, anualmente, se cierran algunas que no funcionan y se abren otras, con nuevas marcas y en nuevas ubicaciones. En 2019, abrió treinta y cuatro, con lo que la división tuvo un crecimiento cercano al 20 %.

El segmento de lujo sigue teniendo buen crecimiento en el país. Rodrigo Mayo, socio para México de la consultora Bain & Company, afirma que las tiendas de lujo centran sus ventas en la experiencia que generan alrededor de la compra. Esto es algo que ha impulsado El Palacio de Hierro con diversos eventos con marcas de lujo, tiendas *pop up* y conceptos únicos en sus boutiques.

Cano enfatiza que las marcas de lujo que opera y la forma en que penetra al mercado es uno de los diferenciadores del grupo y lo que ha hecho que destaque frente al resto del sector. "El concepto que expresan es más *premium* y algo que no puedes encontrar en otras tiendas. Sin llegar a ser *superpremium* es atractivo y alcanzable para la base de clientes".

"Las boutiques siguen siendo un negocio rentable y hemos notado que hay más marcas a las que les interesa el mercado mexicano. Tenemos algunas en lista de espera por tema de espacios, no es fácil mover cuatro paredes para desplazar una marca", comenta Escribano. Y lo es más cuando el segmento inmobiliario atraviesa por una desaceleración y retraso en apertura de centros comerciales. El directivo descarta que esto retrase sus planes de crecimiento, todo será cuestión de adaptarse.

Fuente: ¿Vender mucho, pero con pocas tiendas? Así es la estrategia de Palacio de Hierro (expansion.mx)

El cuentachiles

Target:

- Edad: 20 a 50 años.
- Género: masculino.
- NSE: AB, C+C.
- Valores: autenticidad, poder, lujo, protección, realización.
- Generación: *baby boomers*, X, *millennial* y Z.
- Circunstancia histórica: nativos digitales, Internet.
- Rasgo característico: irreverente, frustración y obsesionado por el éxito.
- Características personales: viste adecuadamente, siempre se está quejando,

pregunta por las ofertas, siempre pide rebajas y regatea mucho, para él todo está caro. Para los tacaños el dinero es autoestima y no están dispuestos a desperdiciarla. Por ello, obtienen una enorme sensación de poder y seguridad ahorrando al máximo. Son los reyes del escapismo, cuando llega la hora de pagar han desaparecido.
- Cómo venderle a este cliente: les gusta sentir que tienen el control, no los contradigas y ofrécele los beneficios antes que el producto o servicio de que se trate.

Estrategias utilizadas por algunas marcas:

Un portal de Internet llamado marketingactual.es menciona lo siguiente:

Es lógico pensar que los productos de lujo solo pueden ser vendidos a los consumidores de mayor poder adquisitivo. Sin embargo, no todos aquellos que gozan de una economía saneada estarían dispuestos a pagar los abultados precios de marcas como Loewe, Bentley o Montblanc.

Es obvio que existen personas a las que les duele soltar el dinero y otras mucho más dispuestas a gastar, motivo por el que deben utilizarse estrategias de *marketing* distintas para impulsar la acción de compra.

Un estudio realizado en EE. UU. encuestando a más de trece mil personas, desglosó a los consumidores en:

- Tacaños: 24 %.
- Sin conflicto: 60 %.
- Manirrotos: 15 %.

Un vendedor de productos de lujo no debe obviar la oportunidad que representa vender a consumidores de menor poder adquisitivo que son a menudo tendentes a gastar lo que no tienen, como demuestra el hecho de que las personas manirrotas tienen también mayores tasas de endeudamiento.

Por otra parte, y dentro del grupo de los "agarrados" o personas menos tendentes al gasto, también podemos emplear técnicas de *marketing* adecuadas para reducir el "dolor" que les produce desprenderse de sus ahorros, especialmente en compras caprichosas o poco meditadas.

El sector del lujo necesita alcanzar a un tipo de consumidor con algunas cualidades especiales, entre las que se encuentra naturalmente el poder adquisitivo, pero también otras como la tendencia impulsiva a comprar para satisfacer necesidades hedonistas, de realización personal o estatus. Es aquí donde el *neuromarketing* puede ser de gran ayuda a la hora de diseñar la estrategia de *marketing* y publicidad más adecuada.

Veamos algunas de las técnicas utilizadas por los expertos en *neuromarketing* para minimizar el dolor de la compra ante una oferta dada:

1. *Hacer que el precio parezca una ganga:* las personas que llamamos comúnmente tacañas tienen aversión a los precios altos, por lo que son muy sensibles a los descuentos y ofertas.

Cuando la rebaja del precio no es posible, podemos formular la tarifa, en otros términos, por ejemplo: una suscripción anual a un servicio que cuesta 120 € puede formularse como "suscríbase por solo 10 € al mes", de manera que el precio se perciba como más justo y menos doloroso.

2. *Vender un pack en lugar de productos separados:* es aconsejable evitar las ventas de productos y servicios por goteo, que causan una experiencia dolorosa al consumidor. En su lugar es mejor ofrecer un *pack* —siempre que sea posible— que contenga un "todo incluido" y proporcione al consumidor una recompensa en vez de castigarle con varios cargos. Es una técnica muy utilizada por las operadoras de telecomunicaciones para vender sus productos de pago y por los concesionarios de automóviles para vender los extras.

3. *Ofrecer ofertas en financiación:* no tener dinero para gastar en un producto de lujo, no debe ser motivo de no realizar una venta. Las personas manirrotas terminarán comprando si les ofrecemos unas buenas condiciones de financiación, ofertando productos a medida que mejoren las condiciones de los bancos o pagos aplazados con tarjetas de fidelización.

4. *Destacar la necesidad o apelar al estatus:* elegir entre una u otra estrategia depende del tipo de consumidor. Los manirrotos estarán encantados de pagar un producto o un servicio que apele a sentimientos de estatus o hedonistas, al fin y al cabo, son personas que de por sí ya disfrutan comprando y no necesitan argumentos demasiado convincentes para gastar su dinero.

Sin embargo, las personas agarradas necesitarán argumentos de compra que destaquen la utilidad, la fiabilidad a largo plazo, para disminuir el dolor que les produce ver disminuir el saldo de su cuenta.

5. *Trucos del lenguaje:* a veces la actitud del consumidor puede ser modificada por un simple cambio en el lenguaje con el que se presenta la oferta de un producto. Un estudio de la Asociación Carnegie Mellon mostró que un cargo de 5 dólares por el envío de un DVD, aumento las ventas un 20 % cuando se sustituyó la frase "un pago de 5 dólares" por "un pago de solo 5 dólares". Este canje casi insignificante produjo un importante cambio entre las personas más tacañas que hubieran evitado la compra por el conflicto de pagar 5 dólares por un producto gratuito.

El *neuromarketing* nos enseña que no debemos eliminar de nuestro *target* a grupos de consumidores, prejuzgando de antemano que nunca comprarán por su aversión al gasto o su menor poder adquisitivo, sino utilizar la técnica de venta adecuada para impulsar el proceso de la compra.

Fuente: Tácticas de neuromarketing para vender productos de lujo a tacaños y manirrotos (marketingactual.es)

El chocante

Target:

- Edad: 20 a 60 años.
- Género: masculino.
- NSE: AB, C+C.
- Valores: poder, familia, independencia económica, estatus.
- Generación: *baby boomers*, X, *millennial* y Z.
- Circunstancia histórica: nativos digitales.
- Rasgo característico: irreverente, frustración y obsesionado por el éxito.
- Características personales: todo le molesta, nada le gusta, solo compra cosas de marca,

cree que lo que viene de afuera es mejor, es muy despectivo. Se cree superior.
- Cómo venderle a este cliente: Hazle sentir que es la última Coca-cola del desierto y no lo contradigas.

Estrategias utilizadas por algunas marcas:

Muchas de las veces, para animar la compra y asegurarse de que un cliente vuelva a visitar el negocio, hay que crear 'momentos positivos', es decir, ofrecer en el local una experiencia diferente, ya sea cuidando la decoración o con iniciativas sorprendentes.

Para conocer el producto más popular de sus tiendas, la compañía textil C&A ha implantado en Brasil un sistema de perchas digitalizadas que están conectadas a Facebook, de forma que el cliente puede saber en tiempo real el número de "me gusta" que tenga una prenda.

Esto es un claro ejemplo de cómo el *marketing* en el punto de venta está avanzando hacia nuevos modelos de negocio.

Hace diez años el escaparate era la principal herramienta de comunicación directa con el cliente.

Hoy, con la introducción de las nuevas tecnologías las cosas han cambiado, desde las tendencias de consumo hasta los nuevos puestos de trabajo. También lo ha hecho la forma de inducir al consumidor a gastar en un producto y marca concretos. Así, antes de diseñar su estrategia comercial, el directivo de una pequeña y mediana empresa debe saber cuál es su objetivo: "El propósito primordial de cualquier organización ha de ser generar experiencias agradables y memorables en el comprador y que le hagan sentirse diferente", afirma Teresa Serra, profesora de *marketing* de IE Business School.

El empresario debe analizar, además, qué producto vende, a quién y cómo, para saber cuál es su aspecto diferencial en el mercado. "Es necesario ofrecer un valor añadido, porque el cliente es más exigente y la competencia es cada vez mayor", explica Serra. Por su parte, Carles Torrecilla, profesor de *marketing* de ESADE, indica que también es importante entender el proceso de compra del cliente y el rol que juega cada producto dentro del negocio, ya sea físico u *online*.

"Es fundamental comprender si el consumidor acude a una tienda ya informado a través de diferentes canales, como la página web y las redes sociales, o llega al local para obtener una explicación sobre un artículo o marca con el objetivo de comprarlo después por Internet", aclara Torrecilla.

Para conseguir que los clientes se muestren plenamente satisfechos con los productos adquiridos y la atención recibida, "hay que implantar estrategias a corto y largo plazo, que sean capaces de ofrecerles experiencias positivas en todos sus puntos de venta", sostiene Agustín López-Quesada, uno de los fundadores de Retail Institute.

Para ello, el empresario tiene que combinar correctamente los siguientes elementos:

Ubicación: es el factor más importante en una tienda física, ya que determina el tráfico de clientes que necesita atraer. El emplazamiento ayuda al directivo de una pyme a diseñar las estrategias de marca y producto.

Consumidor: cualquier organización ha de tener en cuenta que quien manda es el cliente, porque sin ellos el negocio no funciona. Además, para entender bien sus necesidades, hay que saber escucharlos, ponerse en su piel y comprender qué demandan y de qué forma. La empresa también debe tener pasión por sus clientes. "Si no tenemos dedicación por atenderlos, satisfacerlos y desear que regresen es mejor que nos dediquemos a otra cosa", revela López-Quesada, profesor de *marketing* y gestión comercial de ESIC.

Fidelización: tener ciertos detalles con los compradores supone un retorno positivo para el negocio. Además, una buena experiencia se construye a partir de pequeños pormenores, que son los que ayudan a mantener la clientela. Estos gestos de cortesía no tienen por qué ser costosos, sino originales y que agreguen un valor a la imagen del comercio.

Las 4R: relevancia, relación, recompensa y reducción de esfuerzos. El consumidor debe sentir que se le considera un elemento fundamental y que su opinión cuenta. Por eso, todo negocio tiene que establecer relaciones a largo plazo. Entre otras cosas, porque el 77 % de las personas suele ir a comprar siempre al mismo supermercado o panadería, según el informe de Fidelidad del Consumidor 2013, realizado por Nielsen. También es importante premiar al cliente por su fidelidad a una tienda o marca.

Además, él tiene que percibir que la relación precio-calidad que está pagando es la adecuada y que la energía gastada en el proceso de compra ha sido la apropiada al nivel de exigencia del producto adquirido. Es decir, que no haya tenido que esperar mucho en una cola y que ha obtenido facilidades para pagar.

Marketing mix: se refiere al precio, distribución y promoción de un producto. Elegir correctamente qué artículos ha de vender es clave para generar beneficios. Su coste se establece de acuerdo con la calidad y diversidad. Además, se han de tener en cuenta los márgenes habituales del sector. La oferta se concentrará en el establecimiento y en la tienda *online* si la hubiese, excepto en algunas ocasiones:

"Si un comercio vende toquillas de punto para señoras mayores no tiene lógica diseñar una página web, ya que el perfil de sus clientes no es el de un usuario que navegue por Internet", explica la profesora del IE Business School. Por el contrario, si lo que prima es el *e-commerce*, la exposición de los productos en el local no tiene sentido.

No obstante, cuidar el comercio es muy importante: la luminosidad, el olor, la música (que debe ser lenta si lo que se busca es que el cliente permanezca durante mucho tiempo de compras y viceversa), la decoración, entre otros factores. Para asegurarse de que el comprador conoce qué vende una empresa, dónde se ubica y quiénes la constituyen es imprescindible realizar campañas.

Experiencia: hay que superar las expectativas del cliente, sorprendiéndolo y ofreciéndole el mejor servicio posible. Su satisfacción ha de ser tan positiva que le invite a volver y a recomendar a sus amigos. En la actualidad, la experiencia está condicionada no solo por las nuevas tecnologías, sino por los cincos sentidos. Cada comercio potenciará aquellos que más se adapten a sus bienes y servicios. Así, una panadería olerá siempre a pan, aunque no esté horneando todo el día.

Nuevo modelo de negocio: hoy los clientes compran tanto en tiendas físicas como *online*. Pero en un futuro a corto plazo ambos conceptos se fusionarán, de forma que el consumidor podrá ver, tocar y comprar el producto que se acaba de probar en un local desde su móvil, la tableta de un empleado o a partir de la página web en la que se encuentra, para que se lo envíen a casa envuelto desde la fábrica y sin que nadie se lo haya puesto antes.

Tecnología: se ha instalado con fuerza en muchos negocios, cambiando su forma de comunicarse con los consumidores. Desde las pantallas LED, los espejos inteligentes (como los de la cosmética Shiseido que muestran a los clientes cómo se verían con sus productos), hasta el uso de tabletas y móviles han de contribuir a la interrelación entre la tienda y el consumidor.

El comercio facilita la compra y, a su vez, la persona aporta sus datos para recibir una mejor atención en adquisiciones futuras. Los sistemas tecnológicos deben cumplir con dos objetivos: conseguir que cualquier transacción resulte más atractiva y aportar un apoyo a los vendedores para que puedan servir mejor. Para ello, los comerciales deben conocer el nivel de existencias, cómo y dónde fue fabricado un producto, la última visita de cada cliente e incluso saber el nombre de cada uno de ellos. Los medios de pago del futuro apuntan a sistemas de posicionamiento interiores como el iBeacon de Apple, una herramienta que notifica a los usuarios con dispositivos iOS 7 de la proximidad de sus locales.

Multicanalidad: las redes sociales y páginas web no solo ayudan a captar más clientes, sino a llegar a ellos de una manera más efectiva. "Los diferentes canales ofrecen inmediatez y permiten obtener un mayor conocimiento de los consumidores, lo que facilita que el negocio se adapte a sus necesidades", concluye David Jericó, el responsable internacional de Visual Merchandiser de Neinver, empresa que gestiona los centros comerciales The Style Outlets.

El chulo

Target:

- Edad: 17 a 45 años.
- Género: masculino.
- NSE: AB, C+C.
- Valores: amor, amistad, familia, vive el hoy, diversión.
- Generación: X, *millennial* y Z
- Circunstancia histórica: nativos digitales.
- Rasgo característico: irreverente, frustración y obsesionado por el éxito.
- Características personales: es sencillo, sabe que con cualquier cosa se va a ver bien, tiene buen corazón es simpático, todo mundo lo

quiere.

- Cómo venderle a este cliente: Muéstrate tal y como eres, adoran los detalles, debes de ser muy claro, no uses palabras estrafalarias.

Estrategias utilizadas por algunas marcas:

Hay veces, que es necesario dar más y que no solo basta con contar una historia y transmitir una cultura empresarial, esa es la máxima de The Indian Face, compañía textil especializada en ropa de deportes de alto riesgo. Para ello, cuidar la decoración de la tienda física es fundamental: "El establecimiento tiene que plasmar la imagen de marca", afirma su consejero delegado, Eduardo Marqués, quien indica que las paredes y el suelo del negocio están llenos de mensajes sobre su filosofía. *Born to be free* (nacido para ser libre) y *welcome free spirit* (bienvenido el espíritu libre) son algunos de ellos.

En el interior del local también se pueden apreciar fotos en blanco y negro que tratan de reflejar la sensación de un deportista antes de lanzarse a la aventura. El objetivo primordial de esta firma es acercarse al cliente, contándole diversas anécdotas sobre el origen de la marca.

"Tratamos de atenderle lo mejor posible y tener detalles como pegatinas y otros regalos", revela Marqués.

La colocación de cada prenda debe tener un sentido. Así, el artículo de mayor rotación se ubica a la entrada y las camisas han de estar dobladas, no colgadas.

El viejo mercado de San Ildefonso, reconvertido desde 2012 en un nuevo centro gastronómico, tiene como principio hacer un guiño a los *food trucks* (camiones que venden comida preparada). La única diferencia es que sus dieciocho puestos de comida y tres barras de bebida no están en la banqueta, sino bajo el techo de la calle Fuencarral nro. 57, y el diseño del edificio es más cosmopolita que el de antaño.

"Todo está perfectamente estudiado, la ubicación de cada espacio, la oferta, la decoración, los productos de *merchandising*, como los platos, las servilletas y la vestimenta de los camareros", presume su promotor, Juan Carlos Sabido. Así, su labor de *marketing* se centra en la especialización: "En una cocina de tres metros cuadrados no podemos ofrecer treinta y cinco artículos como un restaurante, por eso apostamos por el mono producto. Es decir, hay un local que vende jamón, otro croquetas, crepes, entre otros", revela Sabido, quien explica que no pueden ofrecer platos elaborados porque el objetivo es que el mercado sea una seña de identidad de la comida callejera.

En todo supermercado lo más importante es llamar la atención del consumidor. Para ello "hay que trabajar el posicionamiento de los productos, el emplazamiento de los carritos, la ubicación de la caja y potenciar las ventas a través de los cinco sentidos", afirma Silvia Miranda, directora de comunicación y solución de negocio de la cooperativa de detallistas del sector alimentario Covirán.

En estos pequeños establecimientos, los artículos que más se venden se colocan en el centro del local para obligar a los clientes a hacer un largo recorrido y visualizar otras cosas. Sin embargo, el pan, que se ubica a la entrada, tiene un circuito corto para agilizar el tráfico de compras. El escaparate está decorado con frutas y verduras: "Como son productos frescos ayudan a valorar la calidad del comercio", explica Miranda.

Los alimentos también se acomodan de acuerdo con el público objetivo. Así, los destinados para los adultos se ubican a la altura de sus ojos, los dedicados a los niños en las baldas inferiores y los más caros se localizan en las estanterías superiores.

Debemos tomar en cuenta, que es importante interpretar la irrupción de Internet en el comercio detallista como un nuevo actor en el negocio y no como una amenaza. Así, las nuevas tecnologías suponen una oportunidad.

El directivo de una pyme debe entender el proceso de compra de sus clientes. Ha de analizar sus hábitos de consumo para saber cómo se comportan en la tienda física y en la *online*.

Toda organización ha de apostar por la integración multicanal. Informar a los consumidores a través de la página web, redes sociales y medios de comunicación ayuda a fidelizarlos.

Fuente: Expansión.com

El valedor

Target:

- Edad: 17 a 45 años.
- Género: masculino.
- NSE: AB, C+C.
- Valores: trabajo, bienestar, solvencia económica, esfuerzo.
- Generación: X, *millennial* y Z
- Circunstancia histórica: nativos digitales.
- Rasgo característico: Irreverente, frustración y obsesionado por el éxito.
- Características personales: no se preocupa tanto por su vestimenta, es muy trabajador, es una persona que siempre se la pasa

ocupado y cuando necesita las cosas simplemente va a comprarlas, siempre trae dinero. Pero por su aspecto no lo toman mucho en cuenta.

- Cómo venderle a este cliente: nunca los menosprecies por su forma de vestir, son personas muy ocupadas que a veces no tienen tiempo de vestirse bien, pero cuando compran nunca regatean, son los mejores clientes.

Estrategias utilizadas por algunas marcas:

Un portal de internet llamado Sintec.com hace referencia a que los cambios en patrones de consumo de la pandemia han retado a muchas empresas a cambiar su forma de operar de B2B a B2C. Estos nuevos modelos de negocio presentan una nueva serie de retos, pero también beneficios que las empresas deben aprender a navegar y a dominar, porque esta tendencia está aquí para quedarse.

En esta época de pandemia muchos de nuestros hábitos de consumo han cambiado y esto ha obligado a las empresas a adaptarse rápidamente. Otras, han tenido la necesidad de buscar nuevos mercados dado que antes de la pandemia atendían sectores que hoy se encuentran detenidos, como el turismo. Esto nos ha llevado a una guerra por el consumidor.

Los negocios están en una lucha constante por conseguir la preferencia de los clientes, incluso aquellas empresas que han seguido operando con algo de normalidad, tienen que luchar por su lugar entre los consumidores.

Antes de la pandemia, la mayoría de los fabricantes llegaban a los consumidores a través de distribuidores y *retailers*. Hoy, muchas empresas están buscando llegar directo al consumidor, abriendo una nueva tendencia en B2C. Esta línea directa al consumidor tiene la ventaja de aumentar el margen y mejorar la rentabilidad. Sin embargo, requiere de una red de logística más amplia y muchas veces compleja. Pero en esta guerra por los clientes, cualquier avance es importante.

Por ejemplo, Sigma Alimentos, que entre sus líneas de negocio tenía la venta a restaurantes y hoteles, está aprovechando su ventaja en precios para vender directo al cliente en casa. Esto le ha ayudado a mitigar el cierre de su canal de *food service*, manteniendo su *core* y generando más margen para fortalecer a la empresa. La mayoría de los supermercados, aunque ya tenían alguna forma de servicio a domicilio, ahora están redoblando estos esfuerzos y buscando diferentes opciones para ofrecerle al cliente; por ejemplo: recoger un pedido anticipado en el estacionamiento, sin necesidad de entrar a la tienda. Incluso los autoservicios pequeños están desarrollando *apps* para facilitar a los clientes la entrega a domicilio y el pago de servicios sin salir de casa.

Y aunque ya algunas empresas hacen entregas en casa desde hace años, como Coca-Cola, otras empresas de bebidas se están subiendo a este tren. Cervecería Modelo, a través de modelorama.com.mx envía producto directo a sus clientes en unos días, cobrando costo de envío.

Lala trae de regreso la tradición de llevar leche a domicilio, además de otros productos como yogurt y quesos sin costo de envío. Actualmente está probando programas piloto en ciudades selectas.

El camino de la adaptación a esta nueva normalidad no ha sido fácil para ninguna empresa. Muchas han dado tropezones y están aprendiendo sobre la marcha lo que mejor funciona para sus clientes existentes o nuevos. Las reglas entre proveedores y *retailers* se están volviendo más flexibles por todos los cambios que están sucediendo y algunos acuerdos de precios se están dejando de respetar. Las redes sociales —aunque ya contaban con canales de venta

—, los han ido reforzando para crear más y mejores opciones para todo tipo de vendedores.

Por ejemplo: Facebook ahora cuenta también con la solución de Shops, que habilita a las empresas a vender directamente desde la plataforma de la red social. Aparte de los canales, los negocios deben también cambiar las presentaciones y empaques de sus productos para satisfacer las nuevas necesidades del cliente, como pueden ser tamaños o presentaciones individuales, empacadas en cantidades más pequeñas y con materiales más herméticos para evitar contaminación.

Este aprendizaje y cambios en la forma de hacer las cosas valdrán la pena, ya que no se utilizarán solo en el corto y mediano plazo, sino que se estima que esta tendencia haya llegado para quedarse. Muchos consumidores después de la pandemia conservarán el hábito de hacer pedidos a domicilio. Esto representa una gran oportunidad de llegar directo al consumidor y aumentar rentabilidad al eliminar distribuidores o intermediarios.

Sin embargo, no será fácil ganar esta guerra para las empresas acostumbradas al B2B. Existen tres retos principales para aquellos que quieran competir en este nuevo contexto.

El primero es optimizar el gasto de distribución para pasar de tener almacenes y flotas vehiculares de alta capacidad a alternativas más económicas que lleguen directo al cliente de manera rentable.

El segundo es la digitalización de toda la cadena. Antes tenían pocos clientes que se encargaban de distribuir sus productos y por ende compraban en grandes cantidades. Ahora deben poder atender miles de consumidores directamente, lo cual afecta sus procesos administrativos: desde alta de clientes hasta cobranza y se deben conectar con toda la cadena productiva para garantizar buenos niveles de servicio y transparencia para los compradores.

Para ello, pueden apoyarse con terceros y utilizar analítica avanzada y simulaciones para procesar una mayor cantidad de datos a nivel granular y atender a los clientes como esperan ser tratados.

El tercer reto es la transformación organizacional que se requerirá para gestionar este nuevo *go to market* (B2C), y mantener el existente (B2B), generando negocio de manera sostenible.

Fuente: Brands Pivoting from B2B to B2C." *NetBase*, 13 May 2020, www.netbase.com/blog/pivoting-b2b-b2c/

El transa

EL TRANSA

Target:

- Edad: 20 a 50 años.
- Género: masculino.
- NSE: AB, C+C.
- Valores: oportunidad, dinero, poder.
- Generación: X, *millennial* y Z.
- Circunstancia histórica: nativos digitales.
- Rasgo característico: irreverente, frustración y obsesionado por el éxito.
- Características personales: busca verse bien, es muy observador, busca siempre su beneficio personal es muy ventajoso y no le importa lo que digan los demás.

- Cómo venderle a este cliente: Tienes que ser muy claro ya que tienen la habilidad de leer entre líneas, son muy astutos, detectan oportunidades a miles de kilómetros, a ellos no los puedes engañar.

Estrategias utilizadas por algunas marcas:

En el portal de Internet, llamado forbes.com un artículo que lleva por título: "Cinco razones para combinar *marketing* con cerveza", asegura que, conforme a datos del INAH, existe evidencia de que los sumerios (zona de Irak actualmente), ya elaboraban cerveza hace más de nueve mil años; con un producto tan antiguo, ¿qué podría tener de interesante la cerveza que le permite tener gran actualidad y aceptación en el mundo moderno?

A diferencia del pulque, que también es una bebida fermentada y de gran alcance a escala nacional (no internacional), la cerveza, desde sus inicios en México por ahí del siglo XVI, ha seguido cinco parámetros del *marketing* que han ayudado a ubicar a México, como el país que más exporta al mundo esta bebida.

Dichos parámetros del *marketing* que podríamos también aplicar en otros productos y servicios mexicanos exitosos serían:

1. *Contar historias:* las mejores estrategias de *marketing* incluyen el *storytelling* como forma de conectar y crear empatía con los clientes potenciales; la Cerveza Corona fue la primera cerveza mexicana (en su momento, ya que ahora pertenece a la Belga Anheuser-Busch) que en lugar de utilizar un locutor y hablar del producto en sí, solo hacía anuncios con imágenes ideales de playa sin locutor y con sonidos ad hoc del lugar, lo que permitió al consumidor, mantener la atención, desarrollar toda una historia personal en su mente donde involucraba directamente al producto y relacionarlo con un lugar específico de consumo; se convirtió así en el "Patrocinador de la Playa" así como ahora Cerveza Indio, lo hace con las "minorías".
2. *Exclusividad:* reza el dicho "si las cosas se hicieran fácilmente, cualquiera las haría". La cerveza, ha estado rodeada de un aura exclusiva desde sus orígenes que pocos productos igualan, incluso la receta para su elaboración se consideraba un secreto a defender con la vida, ya que las primeras

cervecerías mexicanas del siglo XIX tenían que expatriar a maestros cerveceros europeos a México bajo contrato, en el cual se estipulaba que no revelarían el secreto de la técnica para su elaboración. Incluso cuando van creciendo los adeptos a elaborar su propia cerveza de forma artesanal, ellos mismos, no cuentan todo el proceso a detalle que siguen para su elaboración, ya que lo consideran como una receta de cocina muy personal.

3. *Mística:* detrás de la cerveza se han forjado mitos alrededor de la misma como aquel de que en México no se puede producir el lúpulo —ingrediente esencial para elaboración de esta—, lo cual es totalmente falso. Otro mito es que contiene propiedades curativas, incluso hay personas que le dan un traguito a bebés ya que aseguran los hace conciliar el sueño y tener buena digestión ¡pobres!, lo que si podemos asegurar es que se han hecho múltiples estudios alrededor de la misma, donde se afirma mejorar desde el Alzheimer hasta la diabetes como lo asegura el sitio de la compañía cervecera, Midnight Oil.

4. *Manejo de nichos:* ya sea clara, obscura, *light*, artesanal, *ale, lager, bitter,* de alta graduación

alcohólica o de plano sin alcohol, de alta o baja fermentación y hasta las de sabores, la cerveza ha permitido penetrar en el gusto de las mayorías, dando a cada quien su individualidad, ya que se han forjado nichos de mercado para distintos tipos de consumidor y no ha intentado hacer un solo producto que se adapte a todos, como lo ha pretendido la globalización y las grandes corporativas trasnacionales o productos con denominación de origen.

5. *Accesibilidad:* ningún producto exitoso puede dejar de lado las cuatro "pes" del *marketing* (producto, precio, plaza, promoción) y en la cerveza esto no es la excepción, sobre todo en lo referente a la "p" de plaza o actualmente denominada "c" de conveniencia, ya que una cerveza es tan accesible como cualquier refresco y se encuentran en todo tipo de sitios, centros de consumo y envases, desde botellas hasta latas, pasando inclusive por barriles, con una distribución envidiable hasta por el mismísimo pan Bimbo.

Ya sea en tarro helado escarchado o en una yarda fiestera, en México tenemos que decir "salud" y festejar el Día Internacional de la Cerveza por ser uno de los orgullos nacionales que nos posicionan en el envidiable primer lugar y aplicar las estrategias del *marketing* de la cerveza en otros productos y nichos para lograr destacarnos.

Fuente: Cinco razones para combinar marketing con cerveza (forbes.com.mx)

El deportista

Target:

- Edad: 17 a 60 años.
- Género: masculino.
- NSE: AB, C+C.
- Valores: salud, armonía, competencia, seguridad, estética.
- Generación: *baby boomers*, X, *millennial* y Z
- Circunstancia histórica: nativos digitales.
- Rasgo característico: irreverente, frustración y obsesionado por el éxito.
- Características personales: es el chico que siempre anda con ropa deportiva de acuerdo con su deporte favorito y no le importa

gastar en sí mismo, compra todo lo que le ayude para estar bien, no escatima en su persona.
- Cómo venderle a este cliente: Háblale claro de los beneficios que puede encontrar en tu producto y que no tengan los demás, ya que suele comprar muchas de las veces por recomendación de otras personas, proporciónale seguridad y salud.

Estrategias utilizadas por algunas marcas:

Patricio Salom en el sitio web llamado, DeportesIn.com menciona que las marcas de ropa deportiva son verdaderos gigantes en la industria. Con el paso del tiempo, se han ido diversificando e incluso han incursionado en el mundo de la moda. Los logos de Adidas, Nike o Puma cada vez son más vistos.

Desde tenis, playeras o *pants*, simplemente cualquier artículo o accesorio que se nos pueda ocurrir. Se han colocado en un estándar bastante alto al ser parte fundamental de la indumentaria de todos los deportistas. Se ha visto una evolución constante en las marcas no solo al patrocinar un deporte, un equipo o un jugador.

La diversidad de artículos y el creciente furor por el deporte ha hecho que marcas como Adidas, Puma o Nike sigan en constante cambio y crecimiento; por otra parte, también se ha dado un auge magnífico para Under Armour.

De hecho, Nike es la segunda marca de ropa en general más costosa del mundo. Solo se encuentra por detrás de la marca francesa de lujo Louis Vuitton. Si bien la marca estadounidense está muy por delante de su competencia, hay otras marcas muy grandes. Adidas se ha establecido como el segundo lugar. Desde 1970, la marca alemana patrocina a la FIFA. Su acuerdo se extendió hasta el 2030 y son la marca que crea el balón oficial del máximo organismo rector del futbol.

Para que una marca de ropa deportiva llegue a ser reconocida, debe patrocinar a un atleta. La gran mayoría de los deportistas más famosos del mundo tienen un contrato firmado con este tipo de empresas.

Los patrocinios con atletas ha sido una de las claves de Under Armour. Es una empresa relativamente joven, ya que se fundó en 2006. La imagen de la marca es Stephen Curry, de los Warriors de la NBA. Los tenis "SC30" se han convertido en uno de los modelos más vendidos en la actualidad, compitiendo con los "Jordan" de Nike.

Sin embargo, no es nada sencillo atraer a un atleta de alto calibre. Las marcas generalmente buscan talentos jóvenes para no tener que gastar tanto. A pesar de esto, los contratos son multimillonarios; sin embargo, hay pocas marcas que pueden realizar este tipo de inversión. Sin embargo, a lo largo de la historia se ha demostrado que es una técnica muy efectiva.

Fuente: Ropa deportiva: ¿Qué marcas son las que más venden? (deportesinc.com)

Xavier Escales en el sitio web ie.edu postea que la mezcla de deporte y moda no es una tendencia, sino el reflejo de un cambio de valores en una sociedad que apuesta cada vez más por aspectos como la salud, el reciclaje o la ecología. Esta realidad ha llevado a las marcas de artículos deportivos no solo a impulsar la necesaria y tradicional innovación técnica y de diseño, sino también a centrarse en una nueva forma de entender la estética deportiva: el *athleisure* o unión de lo atlético con el ocio.

En este nuevo escenario, las marcas de artículos y prendas deportivas están empezando a cambiar y junto a la investigación y desarrollo de productos, ponen el acento en las nuevas preferencias y necesidades del cliente. Establecen diferencias entre ¿para qué uso diseñan sus productos, especialmente los tecnológicos?, y ¿para qué se están utilizando realmente?

Las empresas deben analizar quién es su cliente y enfocar sus negocios no solo para lanzar ropa y zapatos destinados a las prácticas deportivas, sino teniendo en cuenta la posibilidad y rentabilidad de otros usos, porque es cada vez más habitual que, aunque inicialmente fueran diseñados para gimnasios y competiciones, también sean empleados para salir en la gala de los Óscar.

Este cambio de accesorio deportivo a artículo de moda tuvo su origen en las mujeres que asistían a clases de yoga en Estados Unidos. Lo que ahora parece una locura quizá no lo sea tanto, porque la tendencia es acortar las diferencias entre los atuendos de hombres y mujeres, y los tejanos van a ser sustituidos muy pronto por *leggins* en todos los colores para poder hacer frente a todas las combinaciones posibles. Las capas serán fundamentales, todo intercambiable y combinable.

La buena noticia es que cada vez habrá más personas que quieran llevar una vida sana y cuidarse, actitud que lleva a las marcas de deporte a segmentar las ventas. También es positivo el hecho de que esté bien visto mezclar valores de deporte y moda. Sin embargo, el riesgo que corre el fabricante es no saber gestionar esta realidad, dejándose arrastrar y perdiendo de vista el negocio a largo plazo, las raíces y el ADN de la marca y, al mismo tiempo, su nexo con el consumidor, que al final, es quien marca tendencia.

Estados Unidos está a la cabeza en ropa deportiva, mientras que en Europa el *ranking* lo lidera Alemania, seguida de Francia, España, Italia y el Reino Unido. En cuanto al *athleisure,* en Europa destacan Francia e Italia, al tiempo que se está poniendo las pilas Japón, país al que acuden los equipos de diseño de grandes marcas.

Las grandes marcas no solo impulsan la necesaria y tradicional innovación técnica y de diseño, sino que también se centran en la nueva forma de entender la estética deportiva.

El deporte ha pasado a formar parte de la sociedad, algo que deben tener en cuenta todas las empresas del sector para alinear sus negocios con estos nuevos valores. Otro aspecto importante que se debe considerar es que las distancias se están acortando. El *athleisure* no es solo un formato de mujeres y la mezcla de deporte y moda se verá cada vez más en hombres que ocupan puestos de responsabilidad. Al mismo tiempo, las personas de edad más avanzada también visten zapatillas de deporte y esta es una realidad imparable que se traslada a todos los negocios.

Otro aspecto al que deben prestar atención las marcas de moda deportiva es el de los *millennial*, porque en cinco años representarán cerca del 50 % de la fuerza laboral. No ir tatuado, tomar zumos verdes o cuidarse, es algo que está muy asociado con los valores de la nueva sociedad, lo que hace pensar que esto no es tendencia, sino que se trata de un cambio.

Modelos como Elle McPherson, que nunca ha corrido un maratón, se pasea por el mundo con toda la equipación: zapatillas de deporte, *leggins* o mallas, varias capas de prendas, gafas de sol y bolso. Sin embargo, no todo vale, por lo que las marcas deberán trabajar para crear *looks* atractivos diferenciando las temporadas. Ahora, solo en Estados Unidos existen *personal shoppers* especializados en esta tendencia que aún no ha llegado a los puntos de venta.

Los consumidores finales son quienes deciden si un *look* es bueno. La fórmula es combinar artículos deportivos de lujo con prendas técnicas de buenas marcas y precios caros, para dar esa estética de ir al gimnasio sin haberlo pisado.

Entre los retos de las marcas deportivas está no perder el posicionamiento. Es muy importante saber quién viste un determinado artículo, porque este es un factor que puede echar abajo una enseña.

Para una marca de prestigio es un gran reto no perder su identidad, porque el objetivo es hacer negocio muchos años. El segundo aspecto clave es la tecnología. Las prendas deportivas tienen que innovar y evolucionar en lo que respecta a los materiales, ya que el diseño ha dejado de ser solo una cuestión de colores.

La edición limitada, o lanzamiento de un número determinado de artículos, tiene como figura clave en las marcas deportivas al *sneakerhead* o persona obsesionada con coleccionar modelos exclusivos de zapatillas de deporte, principalmente creaciones destinadas al baloncesto o al *skateboarding.*

 Esta moda, que nació en la década de los ochenta del siglo pasado en Estados Unidos y traspasó fronteras, ha sido aprovechada con acierto por la industria del sector con el lanzamiento de colecciones pensadas para alimentar la demanda. Al ser producciones limitadas, su exclusividad incrementa su precio y las marcas de primer orden han abierto tiendas especializadas en este campo.

La importancia actual de las ediciones limitadas radica en que se están convirtiendo en símbolos de estatus y exclusividad, realidad que está dando una vuelta a la industria, que debe gestionar este apartado. Se trata de un negocio de reventa, en el que los precios pueden superar los mil euros en muchas marcas, principalmente las de zapatillas de baloncesto. A nivel de negocio, estas zapatillas también tienen su impacto, ya que ahora salen en las redes sociales y son las preferidas de cantantes, artistas y modelos.

Por otro lado, las marcas de artículos deportivos deben cuidar la segmentación, separando cada grupo de clientes con el fin de ofrecer los productos que encajen con su demanda. Hoy es vital saber lo que se ofrece en cada punto de venta, con un modelo en el que cada establecimiento comercialice productos asociados a su perfil de consumidor.

Otro aspecto para tener en cuenta es ¿cuál es el negocio de las marcas deportivas?, teniendo mucho cuidado en la sostenibilidad de este. La tendencia del *athleisure* es muy fuerte y con precios muy altos, pero ¿realmente es sostenible? ¿Se está gestionando bien? Lo que está claro es que hay que estar muy atentos a la demanda, a la vez que no se pierden las raíces, porque el cliente busca autenticidad y las marcas que llevan años tienen historia y, por lo tanto, algo que contar.

En cuanto al producto, es decir, materiales y tecnología, no hay que frenar el viaje al *athleisure,* con una apuesta fuerte por la segmentación. ASICS seguirá haciendo las mejores zapatillas que pueda, lo que no significa que no deba segmentar el mercado, reconocer una tendencia o un nuevo consumidor y hacer adaptaciones de sus productos para cubrir esa demanda. Se puede vender deporte y moda sin perder credibilidad.

Es el cliente quien dice si busca solo material técnico deportivo o si prefiere artículos que pueda combinar para ir a la moda.

Fuente: La ropa deportiva se abre paso en el negocio de la moda | IE Insights

La Shula

Target:

- Edad: 17 a 50 años.
- Género: indistinto.
- NSE: AB, C+C.
- Valores: amor, aceptación, reconocimiento, libertad.
- Generación: X, *millennial* y Z
- Circunstancia histórica: nativos digitales.
- Rasgo característico: irreverente, frustración y obsesionado por el éxito.
- Características personales: Usa ropa extravagante, tiene gustos y preferencias muy

bien definidos para llamar la atención de todos los que se encuentran a su alrededor, siempre está conectado a su celular, esa es su manera de presentarse al mundo, publican todo, se la pasa comprando a través de las aplicaciones, es arriesgado, no tiene miedo de comprar en línea.
- Cómo venderle a este cliente: buscan cosas auténticas, aman llamar la atención, hazle sentir que es único y que se lo merece.

Estrategias utilizadas por algunas marcas:

María Claudia Medina, jefa del área de Consumer Insights de GFK Perú, presentó el perfil de estos consumidores durante el TalkIN 2019, evento organizado por la Asociación Peruana de Empresas de Inteligencia de Mercados (APEIM), la Asociación Nacional de Anunciantes (ANDA) y la Sociedad Europea de Opinión e Investigación de Mercados (Esomar).

Pues son aquellos que se suben a la ola de la innovación sin temor, son influyentes y compradores apasionados, es decir, se involucran emocionalmente por la categoría por la que apuestan.

Los también llamados LECS (*Leading Edge Consumers*), son relevantes para las empresas ya que configuran un buen filtro para la innovación, su personalidad crítica con las categorías que conocen y el que no se casen con una marca, son aristas que los vuelve especiales.

Además, los consumidores de vanguardia tienen la posibilidad de convertirse en embajadores de marca inmersos en un *target*, así como revelar oportunidades de negocio emergentes.

El informe de GFK revela que un 57 % de los LECS busca productos que se ajusten a sus necesidades. Asimismo, el 46 % busca siempre nuevos productos y servicios, mientras que un 44 % busca siempre la novedad y la diversión, incluso en productos "cotidianos".

Respecto a su poder de influencia, el 41 % se esfuerza en contar a otras personas las características de los productos y servicios que realmente les gustan, es más, un 49 % pasa mucho tiempo investigando sobre estos productos.

¿Cómo atraerlos?

Para lograr conquistar este tipo de consumidor se deben seguir tres pasos:

1. Incorporar la diversión, (esta no solo cambia comportamientos, también hace que la experiencia vivida se comparta con otras personas).
2. Crear comunidad.
3. Propiciar la autoexpresión, (este último punto ayuda a involucrar de manera emocional a los consumidores con la marca).

Por otro lado, En Latinoamérica cada vez más jóvenes, probablemente muy influidos por la información *online* y el surgimiento de blogueros y *fashion stars* que promueven lujosos estilos de vida en las redes sociales, están interesados en conocer a profundidad las marcas y asociarse con sus valores.

Esto representa que los consumidores apetecen lujo y se han generado nuevos perfiles de ellos, los cuales han sido creados y nombrados por la consultora Bain & Company con base a los hábitos de consumo:

1. Omnívoro: iniciados en el lujo, son lo más jóvenes.
2. Sabelotodo: muy conscientes de las diferencias entre las marcas, están influidos por la información *online* y las redes sociales.
3. Inversor: prestan mucha atención a la calidad y duración de los artículos de lujo.

4. Hedonista: obsesionado con los artículos de lujo y la experiencia de compra de ostentación.
5. Conservador: compradores maduros y más convencionales, tanto hombres como mujeres.
6. Desilusionado: la mayoría de este grupo son compradores de la generación *baby boomers*, que experimentan "fatiga de lujo".
7. Quiero y no puedo: formado predominantemente por mujeres que buscan artículos que sean asequibles. Son muy propensos a mezclar y combinar con productos que no son de lujo.

Ahora bien, que los compradores de este mercado sean más jóvenes que antes no se traduce necesariamente en que elijan marcas de más tendencia o más transgresoras; el consumidor latinoamericano conserva el gusto clásico por lo bello y busca la garantía que le ofrecen las principales marcas. Lo que es evidente es que nuestros clientes son cada vez más heterogéneos y buscan ante todo distinción y estatus.

Otro factor para tener en cuenta es que el consumidor latino está muy condicionado por las marcas y la calidad está cobrando gran importancia, aunque le está costando convertirse en un factor importante a la hora de decidirse a comprar. Sin embargo, a lo que no renuncian es a vivir una experiencia exclusiva a través de sus compras, por eso valoran mucho la atención recibida. Cuando acuden a la apertura de una nueva tienda de su marca favorita y no encuentran un trato exquisito, exponen sus quejas y compran en otro lugar.

Al mismo tiempo buscan —¡cómo no!— precios asequibles; poder conseguir lo que quieren a buen precio, pese a su poder adquisitivo. Nadie está dispuesto a gastar mucho comprando al lado de casa. Por tanto, no se trata de mercados, se trata de clientes, de manera que el sector del lujo está cada vez más fragmentado. Y así, las estrategias que funcionan perfectamente en un segmento de clientes pueden fracasar de manera estrepitosa con otro.

Las marcas de alta gama están cada vez más enfocadas a cuidar la experiencia del cliente, es decir, su uso, su calidad, la personalización y la diferenciación. Lo que es evidente es que, si algo diferencia a nuestras marcas de aquellas de consumo masivo, es la calidad más que la cantidad. "Las marcas de alta gama están cada vez más enfocadas a cuidar la experiencia del cliente, es decir, su uso, su calidad, la personalización y la diferenciación" (Stecchi, 2015).

Fuente: MODELO_NEGOCIO_DHOR_DUARTE_2017.pdf (usb.edu.co)

El sabelotodo

Target:

- Edad: 25 a 50 años.
- Género: masculino.
- NSE: AB, C+C.
- Valores:
- Generación: X y *millennial.*
- Circunstancia histórica: movimiento del 68, crisis económicas, nativos digitales.
- Rasgo característico: irreverente, frustración y obsesionado por el éxito.
- Características personales: es muy consciente de todo lo que pasa a su alrededor, tiene una preparación académica,

se cuestiona todo, piensa mucho antes de comprar.

- Cómo venderle a este cliente: ¡Nunca intente engañarlo! El cliente sabelotodo ciertamente sabe mucho sobre su producto o servicio, e incluso puede saber más que el vendedor mismo. Por ello, es muy importante que refuerce la importancia de la formación y actualización constante al equipo de ventas

Estrategias utilizadas por algunas marcas:

Douglas da Silva, Web Content & SEO Associate, LATAM, escribió en un artículo publicado el 25 de noviembre del 2020 que según una encuesta de Google, hoy, siete de cada diez personas buscan información en sus *smartphones* antes de ir a un lugar; el cliente sabelotodo es uno de ellos, pero no solamente eso: él se considera un experto en su producto.

Este tipo de cliente está lleno de argumentos y es muy consistente en la comunicación. En general, el cliente sabelotodo llega a la tienda sabiendo exactamente lo que quiere. Cuando alguien del equipo de ventas se le acerca, no hace preguntas ni pide ayuda: muestra cuánto conoce ya del producto.

El cliente sabelotodo quiere demostrar que sabe tanto o más que los vendedores haciendo comentarios específicos o tratando de utilizar términos técnicos en el mercado. Por eso, el empleado o el equipo de ventas que le atiende debe "conocer el producto en detalle".

Un cliente sabelotodo requiere un lado más técnico del equipo de ventas. Al hablar con este tipo de cliente, refuerza las características concretas del producto, ya que tu consumidor tiene en cuenta estas especificidades y saca todas sus dudas.

Para que esto suceda sin problemas, es necesario invertir en "formación para la fuerza de ventas". De esa manera, los vendedores estarán al tanto de todas las novedades y actualizaciones relacionadas con su producto o servicio y así estarán listos para atender al cliente sabelotodo.

También es fundamental ser amable, pero dejar claro el papel de cada persona en la relación. La principal característica del cliente sabelotodo es enfrentarse al vendedor, como si supiera más que él. Utiliza frases como: "durante todos mis años de experiencia en el tema, tengo seguridad de… he descubierto que el mejor método… producto es este".

¡Nunca intente engañarlo! El cliente sabelotodo ciertamente sabe mucho sobre su producto o servicio, e incluso puede saber más que el vendedor mismo. Por ello, volvemos a reforzar la importancia de la formación y actualización constante al equipo de ventas.

Para el cliente sabelotodo, el consejo es mantener un diálogo meticuloso, con la mayor cantidad de información posible y sin prisas. No atienda a este tipo de cliente de forma rápida e informal, así evitará errores o inconsistencias que dificultan la conclusión de la venta.

Además de saber mucho sobre su producto o servicio, el cliente sabelotodo sabe mucho acerca de sus derechos como consumidor. Por tanto, ojo: cuando se siente subestimado o mal atendido, el cliente sabelotodo puede exigir derechos, algunos de los cuales ni siquiera tiene. Para resolver la situación, es interesante tener un empleado, (generalmente un gerente), que sepa también mucho acerca de los derechos del consumidor y que consiga argumentar.

En un sitio web llamado Dealer world, se menciona que cuando un usuario se dispone a hacer una compra *online*, valora muy positivamente que el producto en el que está interesado haya sido valorado por otros usuarios que lo han comprado previamente. Los comentarios que estos usuarios dejan después de cada compra consiguen ofrecer muchos datos de los productos, pero también de ellos.

Trusted Shops, a partir de su experiencia en la gestión de valoraciones de clientes, ha identificado cinco tipos de usuarios según los comentarios que dejan en los *e-commerce* en los que compran. A continuación, los cinco tipos de cliente *online:*

El *sabelotodo* es el típico usuario que parece que ha vivido tres vidas o que compra diariamente. En su valoración da consejos sobre cómo escribir buenos comentarios y le dice al resto de clientes cómo deben hacer sus valoraciones. Suele decir, por ejemplo: "por qué escribes comentarios tan largos? Lo bueno, si breve…".

El *anti* tiene como principio negarse a todo y, además, no le gusta que le lleven la contraria en nada. Por sistema, todo le parece mal: el producto, el envío, la política de pago, las devoluciones y hasta las ofertas. Cuando valora, le encantaría poder dar 0 estrellas. Acostumbra a decir, por ejemplo: "el paquete ha tardado dos días. ¿Qué clase de servicio es este?".

El *leal* es aquel al que todo le parece precioso, bien organizado, estructurado y estupendo en su conjunto. No está dispuesto a crear polémica en ninguna situación y lo último que busca es que sus valoraciones causen problemas. Acostumbra a dar cinco estrellas a todos los *e-commerces* en las que compra y repite, por ejemplo: "ha sido genial lo bien que me han tratado. Me encantaría poder dar más de cinco estrellas".

El *indeciso* acostumbra a decir una cosa, la contraria y al final no termina de tener claro cuál ha sido su experiencia. Sus valoraciones oscilan entre el excelente y el muy malo sin aparente explicación o justificación. Menciona, por ejemplo: "la selección de productos es estupenda, pero ¿por qué las condiciones de pago son tan limitadas?".

El *pragmático* busca valorar una experiencia de compra, así de sencillo. Su único objetivo es llamar a las cosas por su nombre y ser conciso en sus explicaciones para ayudar a otros usuarios a partir de su experiencia. Comenta, por ejemplo: "pedido, pagado y producto recibido. ¡Todo perfecto!".

"Tanto las valoraciones como las opiniones son realmente útiles para otros usuarios y muy beneficiosas para cualquier *e-commerce*, independientemente de si es positiva o no. Una buena valoración es un regalo y una mala valoración o comentario es una oportunidad para mejorar la imagen de la empresa", afirma Jordi Vives, Country Manager de Trusted Shops España.

Fuente: 5 perfiles de usuarios de comercio electrónico, según Trusted Shops | E-COMMERCE | DealerWorld

La Reyna

Target:

- Edad: 17 a 60 años.
- Género: femenino.
- NSE: AB, C+C.
- Valores: amor, familia, amistad, protección, bienestar, seguridad.
- Generación: *baby boomers*, X, *millennial* y Z.
- Circunstancia histórica: movimiento del 68, crisis económicas, nativos digitales.
- Rasgo característico: irreverente, frustración y obsesionado por el éxito.
- Características personales: una mujer muy trabajadora, luchona, súper administradora,

siempre ve por los demás, está siempre al pendiente. Busca constantemente las mejores opciones.

- Cómo venderle a este cliente: Ofrécele lo mejor, véndele los beneficios porque siempre están comparando, es algo innato, buscan más por menos ya que son las mejores administradoras.

Estrategias utilizadas por algunas marcas:

Álvaro Mendoza, menciona que, en el momento de la compra, por ejemplo, el hombre toma la decisión con rapidez (ya sea un sí o un no). La mujer, en cambio, necesita darle vueltas al asunto y puede durar horas (de hecho, lo hace) mientras resuelve el acertijo. Dicho de otra forma, para convencer a una mujer se necesitan muchos argumentos y aplica no solo para las compras.

Es así porque su cerebro está preparado para procesar de manera simultánea varias tareas que los hombres necesitamos hacer por separado.

Es por lo que ellas pueden cocinar, castigar a los hijos, hablar por teléfono con las amigas, darle órdenes al jardinero y ver su telenovela favorita, ¡todo al mismo tiempo! Y además lo hacen bien.

Otra razón es que ellas son más sensibles que los hombres a ciertos estímulos. Sí, no es solo para el amor, también para las compras. Tan pronto como determina "me gusta" o "lo quiero", el hombre decide la compra. La mujer, en cambio, hace un largo viaje a sus entrañas, consulta sus recuerdos, le pregunta a sus sentimientos y luego analiza.

En algunos casos los hombres pueden comprar algo que no necesitan solo por conversar con la vendedora que es muy atractiva. Una mujer, en cambio, se toma su tiempo: hace diversas preguntas, vuelve a preguntar para confirmar lo primero que cuestionó y escucha con atención las respuestas. Ese proceso es imprescindible.

Los hábitos de compra de la mujer son muy distintos a los del hombre, no es que no le guste, que no lo necesite ni que el precio se le antoje alto. Es simplemente, que necesita digerir toda esa información, debe tabular esa encuesta que acaba de realizar. Y juega otra característica: todo le gusta, todo le queda bien —o mal— y por eso busca alternativas, todos los colores le agradan. Es un proceso muy complejo.

Otro factor que pesa y seguramente lo has sufrido en carne propia, es que la mujer necesita tu aprobación. No es la compañía, ni porque tú vayas a pagar las compras o se sienta insegura: la mujer te pide (exige) que la acompañes porque tu aprobación (o negación) es un ingrediente importante de este proceso.

Toda esta exposición tiene como objetivo hacerte entender que no es lo mismo venderle a un hombre que a una mujer, ese es un detalle que muchos emprendedores pasan por alto y por eso, fracasan con nichos femeninos. Ni la mejor, más efectiva y productiva estrategia de *marketing* para hombres te funciona con las mujeres. ¡Ninguna!

Si ofreces productos o servicios para mujeres, tu estrategia debe ser exclusiva para ellas, diferente a las que empleas para venderle a los hombres. A la mujer compradora hay que dejarla hablar, permitir que exprese lo que quiere, lo que siente, lo que le gustaría. Dar su opinión es para ella parte importante del proceso de compra. Si no la escuchas, la pierdes.

Las mujeres son compradoras muy astutas: no intentes engañarlas, no las menosprecies, aunque parezca un contrasentido, también tienes que hablarles más que a los hombres. Unos párrafos antes te dije que les gusta escuchar razones, y es así; pero, no dos o tres, sino cinco o diez. Son huesos duros de roer, por eso no basta con hablarles "bonito", porque son muy astutas y saben perfectamente cuando las engañas o las menosprecias.

Si le vas a vender a un hombre, dale razones. Si le vas a vender a una mujer, dale experiencias. Eso quiere decir, en otras palabras, conecta con su corazón. Sí, porque lo tienen blandito, porque lo tienen generoso, porque lo tienen amplio. Véndele un sueño, cuéntale una historia relacionada con tu producto y no se demorará en darte el dinero.

Otra recomendación importante: ¡no le hables de otras mujeres! Ella quiere ser la única en el mundo, en tu mundo. Entonces, necesitas hacerla sentir especial, valorarla, darle a entender que ese producto fue diseñado "exclusivamente" para ella y que le va a la perfección. Pero, repito: no le digas mentiras, dale argumentos irrefutables.

Por último, no olvides que la mujer es cabeza de familia (aunque esté casada). Entonces, cualquier artículo o servicio que le quieras vender debe beneficiar también a su núcleo más cercano. Ese es un argumento irresistible. Si el beneficio lo puede compartir con sus seres amados, la compra está más que justificada y el precio pasa a segundo plano

Fuente: «El difícil arte de venderles a las mujeres» Álvaro Mendoza (mercadeoglobal.com)

Silvia Ayuso en uno de sus artículos, llamado "Louis Vuitton se lanza por el lujo a las masas y vuelve locos a los chinos", menciona que: este gigante está logrando lo inimaginable en acercar a la marca a las masas. "Haber conseguido que Louis Vuitton, una firma de maletas en su origen, sea una marca global, «rabiosamente_joven y la más exitosa del grupo», así como deseada a nivel mundial, tiene mucho mérito. Se le llama el McDonald's del lujo", señala Abraham de Amézaga, escritor y periodista especializado en la moda y el lujo. El crecimiento de Louis Vuitton Moët Hennessy (LVMH) no encuentra techo. El gigante francés batió todos sus récords en 2018.

En el pasado ejercicio ingresó 46.826 millones de euros, un 9.8 % más que en 2017 y mejoró en un 18.4 % su beneficio hasta situarlo en 6.534 millones. El principal motor de la compañía —que en el último año sube en bolsa un 21 % y cuenta con una capitalización de 148 000 millones—, es China. Las ventas en Asia, sin contar a Japón, crecieron en 2018 a un ritmo del 15 %, el doble que en otras regiones como Europa o EE. UU., y ya es, a pesar de la desaceleración económica en China, "el área geográfica de mayor peso con el 29 % del total de la facturación".

Louis Vuitton es la marca preferida de la primera dama de Francia, Brigitte Macron, que ha convertido su armario en un escaparate internacional de la alta costura francesa. El cantante Lenny Kravitz asegura que bebe Dom Pérignon, —el champán para el que el año pasado hizo una glamurosa campaña fotográfica plagada de estrellas del cine y el espectáculo—, desde que era un adolescente en el Nueva York acomodado donde creció.

Después de la Torre Eiffel y (quizá la Mona Lisa en el Louvre), las tiendas Louis Vuitton o Bvlgari de los Campos Elíseos son el escenario más codiciado para hacerse un *selfie* en París. Los bolsos con el icónico logo LV, auténticos o falsificados, cuelgan de los brazos de miles de mujeres (y hombres) en todo el mundo.

Valgan estos ejemplos para testificar que hace tiempo que la casa matriz de todas estas marcas de lujo, LVMH, dejó de ser "solo un imperio de la moda", para convertirse en símbolo de un modo de vida con el que sueñan millones de personas en todo el mundo. Aunque con ello, quizá, hayan hecho tambalearse el concepto mismo del lujo, apuntan algunos expertos.

En cualquier caso, sus excelentes resultados en 2018 dan fe del éxito del modelo impulsado por el presidente y consejero delegado de LVMH, Bernard Arnault. Un éxito que le ha colocado como el cuarto hombre más rico del planeta con una fortuna estimada en 69.700 millones de euros, según los cálculos de *bloomberg*.

La división de moda y marroquinería —con marcas como Louis Vuitton, Fendi, Givenchy, Kenzo, Loewe, Marc Jacobs o Celine, entre otros— sigue estando a la cabeza con unos ingresos de 18.455 millones de euros, un 19 % más que el año anterior. Pero no es nada desdeñable tampoco el aumento del 10 % que vivió su sección de perfumes y cosméticos, hasta los 6.092 millones de euros o el 8 % que crecieron las ventas de relojes y joyería, por un valor total de 4.123 millones de euros.

Los resultados parecen un desafío directo al poco halagüeño panorama mundial: además de la vaticinada desaceleración económica china (y global), está la guerra comercial entre Washington y Pekín que amenaza con arrastrar a Europa. La propia Francia, matriz de la casa de lujo, ha tenido que lidiar con la revuelta de los chalecos amarillos, que durante sus protestas de los sábados en París, hicieron de los escaparates de tiendas como Louis Vuitton o Bvlgari sus principales objetivos, al considerarlos el símbolo de esa Francia rica que se olvida de sus clases medias empobrecidas.

Pero a juicio de los analistas de Brand Finance, Vinchy Chan y Annabel Brown, LVMH no tiene que preocuparse demasiado, al menos a corto plazo. La compañía "no muestra señales de ceder en su dominio del mercado global del lujo", sostienen. Muestra de ello, agregan, es que para este 2019 "el gasto en *marketing* registrará un aumento interanual del 14 % y su balance sigue siendo lo suficientemente sólido como para facilitar nuevas fusiones o adquisiciones".

Aun así, LVMH parece estar preparando alternativas. En diciembre, la casa francesa anunció la adquisición de la cadena de hoteles de lujo Belmond, en el marco de su estrategia para entrar en el sector turístico, un camino que inició en 2006. Con esta adquisición, LVMH amplía su oferta hotelera en cuarenta y seis hoteles, restaurantes, trenes y cruceros de lujo, que permitirá proponer experiencias exclusivas en buena parte del mundo, desde hoteles exclusivos en Río de Janeiro o México a un crucero por el río Ayeyarwady en Myanmar o una experiencia a lo Hércules Poirot a bordo del tren de lujo Venice Simplon-Orient-Express.

Chan y Brown creen que el riesgo de la desaceleración del mercado chino no es inminente, puesto que la mayoría de los clientes del segmento más exclusivo en este país trabajan en sectores cuyo poder adquisitivo "no se verá impactado significativamente en el corto y mediano plazo". No obstante, Isabelle Chaboud, profesora de la Escuela de Dirección de Grenoble, lo ve como una diversificación necesaria para "limitar su exposición a la clientela china".

Con la toma de control de Belmond, LVMH "va a ampliar más aún su cartera y reducir la exposición al mercado chino de su oferta actual […] captará otra clientela y diversificará su riesgo geográfico", analizaba Chaboud en un artículo para *The Conversation.*

La diversificación no es solo regional. Muchos de los productos de LVMH buscan una clientela más amplia que la que tenía la industria del lujo hace solo unas décadas. "Seduciendo a las clases medias es como han logrado el éxito", corrobora Abraham de Amézaga.

"Si bien es cierto que, en sus orígenes, en estas casas la clientela era la burguesía y gente acaudalada, desde finales de la década de los noventa vemos cómo la estrategia del inteligente Arnault se dirigió a "todos". Una estrategia no exclusiva de LVMH que, advierte, puede comportar algunos riesgos, como hacer del lujo un concepto "descafeinado".

Coco Chanel afirma: "El lujo no es lo contrario de la pobreza, sino de la vulgaridad". Sin embargo, el escritor y periodista del sector de la moda Abraham de Amézaga, dice lo contrario: "Curiosamente, las marcas llamadas de lujo se han vulgarizado sobremanera en estas dos últimas décadas. Y cada vez más. Lo vemos con el calzado deportivo, adorado por los jóvenes […] que no conocieron el trato, la gama de productos y el servicio de una firma de lujo de las décadas de los setenta y ochenta, cuando su red de tiendas era minoritaria en el mundo, y creen que lujo es lo que vemos hoy".

Fuente: Louis Vuitton se lanza a por el lujo de masas y vuelve locos a los chinos | Economía | EL PAÍS (elpais.com)

CONCLUSIÓN

Hemos visto a lo largo de este libro, algunas razones que nos caracterizan como consumidores mexicanos, lo que nos distingue y nos hace únicos; esto nos permite analizar nuestro día a día.

Y nos deja un precedente, que nos obliga a encontrar propuestas adecuadas para ofrecer productos y servicios acordes a la idiosincrasia mexicana.

Somos un país en el que además de mantenernos en una constante lucha interna, también debemos enfrentarnos con el mercado internacional; es decir, vivimos en una constante guerra de intereses.

En contraste, México representa para algunos extranjeros una tierra de oportunidades, de ahí la frase: "si triunfas en México, ya triunfaste en todo el mundo", recibimos con los brazos abiertos al que viene de fuera, buscando probar suerte en nuestro país; esto se da en distintos ámbitos como la música, el cine, el entretenimiento, la ropa, tecnología, en fin, en muchos de los rubros, México representa para algunos un edén.

Y para nosotros…

Pues diría que también para nosotros, debemos nuevamente de exacerbar la frase "lo que está hecho en México, está bien hecho", acostumbrándonos a hacer las cosas bien, con mayor creatividad e innovación.

Pues la manera de salir adelante se logrará teniéndonos más confianza y atreviéndonos a realizar las cosas adecuadamente.

ACERCA DE LA AUTORA
YAZMIN ARROYO ABARCA

Mercadóloga de corazón y docente universitaria por vocación. Licenciada en Mercadotecnia, Especialista en Tecnologías de la Información para el Aprendizaje, Maestra en Psicopedagogía y Candidata a Doctora en Ciencias de la Educación.

Experiencia laboral en Servicio y Retención de Clientes, Ventas y Docente Universitaria por más de 10 años. Miembro de la International Coaching and Speaker Federation (ICSF).

Contáctame para más información
Email: yazwamba2@gmail.com
Cel: +52 753 165 6338

facebook.com/yazmin.arroyo.391
instagram.com/yazmin.arroyo2022

Made in the USA
Columbia, SC
29 February 2024